**Karam Khella**

# Les hommes chez Marx

Critique de la conception marxienne de l'histoire, du monde, et de l'homme

AF551762

tp
THEORIE UND PRAXIS

**Karam Khella**

# Les hommes chez Marx

## Critique de la conception marxienne de l'histoire, du monde, et de l'homme

**Universalisme contre marxisme,**
**deux macro-théories comparées,**
**deux systèmes de pensée contrastés.**

**Traduit de l'allemand par Jürgen Brankel**

# Table des matières

# Préface

Dans l'œuvre présente, il ne s'est pas, pour l'auteur, agi tant de Marx que plutôt de l'homme ici et maintenant. « Les hommes chez Marx » nous intéressent en tant qu'hommes d'aujourd'hui.
Nous tous sont chaque jour placés devant des situations où nous devons prendre des décisions pour pouvoir agir correctement.
Les questions de théorie sont des questions pratiques pour autant qu'elles soient correctement comprises. L'entendement humain sain ne vit pas dans un monde d'abstractions qui serait sans rapport avec la réalité. Qu'il y ait, cependant, des hommes qui volent dans des abstractions et perdent peu à peu le contact avec la réalité, cela n'est pas rare. La responsabilité pour cette pathologie git entre autre dans une fausse conception de la théorie et un faux rapport à la réalité.

Karl Marx (1818-1883) vécut, œuvra et écrivit dans l'avant-dernier siècle. Cependant, il exerce, aujourd'hui encore, une influence qui n'est pas petite – avec tous les effets positifs et négatifs de ses idées.

L'ouvrage présent, j'ai écrit sur « les hommes chez Marx » pour les « hommes d'aujourd'hui », donc pour vous, mes lectrices et lecteurs.

Il est possible qu'on pense que j'ai écrit une œuvre théorique. Dans cette formule, il n'y aurait que la moitié de la vérité, car explicitée correctement, c'est une question de la plus haute signification pratique. Vivre sans théorie, n'est pas loin de traverser le monde sans entendement. Personne n'a le droit de renoncer à la théorie.

Un traité exclusivement théorique serait, pour les lecteurs et même pour l'auteur, beaucoup trop insuffisant. La discussion avec Marx sert d'un côté de positionner correctement notre formation théorique sur une base correcte ; d'autre côté, le travail de théorie pour lui-même est non seulement loin de la pratique, mais en plus, il repose sur une fausse conception de la théorie.

Parfaitement ! Vous tenez justement en main une œuvre théorique et, tout de même, le rapport à la pratique doit être constaté partout. Il me tient à cœur de suivre le besoin de clarté théorique et de pratique consciente. Mon espoir est que les lectrices et les lecteurs éprouvent cette petite œuvre comme une aide. L'auteur s'est très efforcé de mettre au centre de l'intérêt l'instruction pour la pratique.

Les cours qui sont ainsi rendus accessibles par écrit et destinés maintenant à un large public intéressé, aspirent à faire un pont à la situation actuelle. Ils prétendent de ne pas demeurer chez Marx, mais de fournir aussi une analyse qui *se rapporte à l'époque contemporaine et qui est orientée vers la pratique.*
Les questions de la théorie sont des questions pratiques d'une grande importance.

En lisant les pages qui suivent, vous serez constamment confrontés à des thèses et des antithèses. Pesez ! Prenez le temps autant qu'il soit nécessaire pour choisir entre les alternatives.

A toutes les lectrices et à tous les lecteurs, je souhaite autant de profit que de plaisir par la lecture.

Hambourg, janvier 2011.

**Karam Khella**

# Introduction

Nous savons quelle grande fascination le marxisme a exercé sur ses adeptes et ses sympathisants. *Le Capital* leur a semblé d'une force de conviction incontestable. Selon eux, le procès historique donnerait raison à Marx et au marxisme.
La ruine du socialisme réel vers 1990 a éveillé de leur euphorie beaucoup de marxistes et les a amenés à la réflexion. Par contre, il y a actuellement des essais d'une relance du marxisme. Il est vrai qu'on ne peut plus compter sur le fait que Marx et le marxisme-léninisme atteignent de nouveau l'apogée qu'ils eurent dans les années de 1970, mais les chances d'une renaissance ne sont pas petites. Les raison s'en trouvent non seulement dans le mythe de Marx, mais le retour et la sollicitude du marxisme sont favorisés, de manière décisive, par le vide théorique. Comme si le marxisme n'avait pas d'alternative.

Notre propre critique à Marx est beaucoup plus vieille et complètement indépendante du tournant des années 1989 à 1991. Un tel tournant n'aurait jamais été aussi une raison de révision d'une théorie si celle-ci avait été correcte et avait tenue debout.
On peut se demander pourquoi donc le marxisme connaît dans certains cercles à nouveau une renaissance, même si elle relativement limitée, après une phase de désillusion et de méditation. La raison de la renaissance du marxisme est évidemment que des hommes bien-intentionnés projettent leurs espérances et idéaux politiques dans le marxisme. Mais cela sont précisément les raisons pour lesquelles des mouvements sociopolitiques qui avaient débutés avec force et beaucoup d'espoir, devaient connaître une ruine douloureuse et avaient laissés derrière eux des déceptions profondes dont les hommes ne se sont pas remis jusqu'aujourd'hui. Beaucoup trop souvent, on entend et on lit la phrase que le marxisme est correct, mais son application a été erronée. Cette disposition n'est vraiment ni consolatrice ni libératrice. Elle montre seulement combien profondément le marxisme a pénétré les têtes.
Le vide politique ne s'est pas montré que depuis la chute du marxisme ; elle est plus vieille que le marxisme. Le vide théorique ne s'est

montré que plus net et terrifiant après les ruines du socialisme réel et de l'eurocommunisme. Le marxisme réussit longtemps d'utiliser ce vide. Il put pénétrer dans un vide réel, théorique, se répandre et le combler apparemment. Il fut capable de satisfaire et de combler les désirs des hommes. Le manque d'une alternative supérieure lui profita. En revanche, le marxisme empêcha le surgissement d'une alternative.
Parallèlement à l'échec du marxisme dans le monde entier, il y eut d'abord une large déception. A juste titre, comme je crois, car les espoirs de beaucoup d'hommes et de peuples ne furent pas satisfaits.
Ce qui est encore plus écrasant est la déception par la constatation selon laquelle, dans le monde idéologiquement divisé, ce n'est pas le système capitaliste, violent et exploiteur qui a péri mais le socialisme réel de l'est européen.
Ce ne fut pas l'Ouest impérialiste, mais l'Est plus progressif qui croula.
Mais on doit aussi constater que le socialisme réel ne s'est ruiné que dans l'Europe et non dans les Etats socialistes à l'extérieur de l'Europe. Au contraire. La fin du marxisme a dégagé le chemin pour beaucoup d'alternative et utopies sociales et leur a donné une chance de s'épanouir.

Avec cela, le problème de la formation théorique n'est pas résolu ni de manière satisfaisante ni de manière durable. Il existe toujours un besoin urgent de théorie.
Désormais il reste valable que *sans théorie révolutionnaire il n'y pas de pratique révolutionnaire.* Cet adage qui est supposé d'être de Lénine, doit être suivi par une seconde strophe : *Sans théorie correcte, il n'y a pas de pratique correcte.*

Notre critique de Marx et du marxisme, nous la comprenons comme une contribution constructive à la formation de théorie et à l'orientation dans la pratique. Voilà pourquoi nous nous efforçons toujours de montrer toujours non seulement ce qui est erroné, mais aussi ce qui est correct ou comment cela doit être corrigé.

# Première partie

# Introduction

# Première Chapitre

## L'évolution de Marx et son chemin de connaissance

## Le devenir du théoricien

**Synopse**
1. Dates
2. Biographie brève
3. Le premier Marx et le Marx tardif
4. L'œuvre marxienne – travaux écrits
5. Conception de l'histoire
6. Economie politique et théorie économique
7. Les stations de la légende de Marx

Karl Heinrich Marx, né à Trèves le 5 mai 1818, mort à Londres le 14 mars 1883.

Marx et Engels furent d'abord, indépendamment l'un de l'autre, des hégéliens enthousiastes. Après la scission de l'école hégélienne, ils se rallièrent à l'aile de la gauche hégélienne qui n'était pas une organisation, mais un courant parmi des intellectuels.
Dans la première moitié des années de 1840, Marx étudia l'œuvre de Ludwig Feuerbach (1804-1872), en particulier *L'Essence du christianisme* (1841). Ainsi, Marx arriva au matérialisme. Mais le « matérialisme intuitif » de Feuerbach ne lui sembla pas assez conséquent. Il conçut donc les « Thèses sur Feuerbach » (printemps 1845). Il y apporta certains énoncés programmatiques où il annonça un plan de son programme futur de travail. Marx se proposa de mener à terme le chemin que Feuerbach n'avait fait qu'à moitié. Comme nous le verrons, Marx n'a pas tenu cette promesse, du moins pas selon son annonciation. Il prit une direction tout à fait

différente. Au lieu au matérialisme philosophique, il se voua à la critique de l'économie politique.

Dans la seconde moitié des années de 1840, Marx et Engels firent connaissance l'un de l'autre. Les deux se sont intéressés aux groupes qui se sont opposés au système. Ils ont adhéré à la « ligue des justes ». Leur propre motivation n'est pas claire ; on ne sait pas quelle fut l'intention des deux jeunes intellectuels pour adhérer à ce cercle radicalement révolutionnaire. Après leur admission, il ne dura pas longtemps que la ligue des réprouvés fut dissoute. Après cela, ils devinrent membres de la ligue des justes qui était également révolutionnaire. D'une lecture plus précise du troisième tome des MEW résulte bien que Marx et Engels adhérèrent à la ligue des justes dans l'intention délibérée de la détruire de l'intérieur. Ils purent réaliser ce but avec succès.[1]

A la suite, la « ligue des communistes » fut fondée et elle fut détruite à la demande de Marx quatre ans après sa fondation.

La « ligue des justes » et la « ligue des communistes » furent cependant les deux organisations les plus importantes dans l'Allemagne du XIXe siècle. Déjà à ce moment précoce des activités de Marx et de son ami Engels, on peut se poser des questions quant à leur motivation. Pourquoi des organisations où ils ne voulurent pas rester membres, durent être dissolues. Normalement, ils auraient dû les quitter et laisser agir d'autres. Est-ce l'acte de Marx contre ces organisation fut révolutionnaire ou contre-révolutionnaire ?

Il y avait toujours des groupes d'intérêt qui pouvaient attirer Marx à leurs fins. Très vite, il sut revêtir de hautes positions dans le paysage médiatique de la grande bourgeoisie. Après la fin des ses études du droit, la bourgeoise le porta à la direction de la formation d'opinion et des volontés en lui confiant la direction de la rédaction de la *Rheinische Zeitung* et plus tard de la *Neue Rheinische Zeitung.*

*Le premier Marx et le Marx tardif.*

La tentative de présenter Marx comme une personnalité homogène et un théoricien sans contradictions comme l'ont fait les auteurs du socialisme réel et le font encore aujourd'hui des marxistes, ne peut

1 *Marx-Engels-Werke*, tome 3 (MEW 3).

être envisagée sans un viol herméneutique d'autant plus qu'on essaie toujours de présenter Marx et Engels en tant qu'identiques du point de vue du contenu.
Nous devons distinguer un premier Marx d'un Marx tardif le tournant ayant eu lieu dans la deuxième moitié des années de 1840. Les écrits de jeunesse de Marx – *Critique de la dialectique et philosophie hégéliennes, La Question juive, L'Idéologie allemande, Les Manuscrits parisiens, Les Thèses sur Feuerbach* – ne permettent pas de déceler une motivation, voire orientation politico-économiques.
Les thèses de Marx sur Feuerbach (il s'agit de notes prises dans un journal à Bruxelles au printemps de 1845, notes qui n'ont été publiées qu'après sa mort) annoncent l'intention de vouloir perfectionner la théorie du matérialisme que Feuerbach n'avait fourni qu'à « moitié ». Qu'est-ce qui est devenu de ce plan ? Marx l'abandonna complètement. Le manuscrit sommeilla dans le tiroir jusqu'à sa découverte par Engels après la mort de son ami.
Dès le milieu des années de 1850, Marx se dédia à l'économie politique. Dès le début des années de 1860, il a presque exclusivement fourni un travail de recherche de théorie économique. Au lieu de développer et de compléter le matérialisme philosophique, Marx est devenu un pur économe. Sans aucun doute, le matérialisme fournit l'arrière-plan de ses pensées. Cependant, il ne fut plus élaboré par lui en un système complet. Ce travail sera fait par des marxistes postérieurs. Ceux-ci collectionneront les propos épars de Marx et d'Engels et les ordonneront en une théorie cohérente quoiqu'ils n'ont pas comblé les lacunes, mais ils ont contribué la part principale. C'était au fond Staline qui a construit une systématique du matérialisme historique marxiste, mais il présenta Marx comme le vrai auteur de la théorie.
Par la sanctification de Marx et de son œuvre par des auteurs postérieurs, Marx obtint une position unique dans l'histoire des sciences humaines. Par la concrétisation élaborée par nous, *les limites de l'innovation et de l'originalité de la contribution vraiment marxienne* devront être démontrées.

En 1844, Marx étudia, en langue française, les prolégomènes d' Ibn-Khaldūn pendant son séjour à Paris. Ibn-Khaldūn n'est nommément mentionné à aucun endroit ni par Marx, ni par Engels. Les parallèles sont pourtant nets. Sous l'influence d'Ibn-Khaldūn, les *Manuscrits philosophico-économiques* furent écrits en 1844. Avec ceux-ci, la chemin de connaissance marxien acquiert un net tournant.

Ibn-Khaldūn sut intégrer diverses facettes de la réalité pour les lier en un point de vue cohérent. Dès sa première réception, Ibn-Khaldūn exerça une grande influence sur l'évolution des sciences en Europe jusqu'à la genèse des matérialismes dialectique et historique et l'évolution des sciences sociales et historiques.

La vie professionnelle comme journaliste força Marx selon ses propres indications de s'occuper de questions économiques pour lesquelles il n'eut aucune préparation. Pendant la première moitié des années de 1850, l'accent des études de Marx se déplaça vers l'économie. A l'ordre de jour public furent les discussions tarifaires. Des organes de la presse, en particulier la *Gazette Rhénane*, s'adressèrent à Marx pour reprendre les luttes salariales et de les présenter de façon journalistique. Le public demanda des informations pratiques qui avaient un rapport avec la situation actuelle. Marx dut écrire sur cela. Au lieu de traiter, de façon journalistique, la question salariale et les conflits tarifaires, Marx suivit sa propre motivation. Il ne se limita pas aux questions pratiques quotidiennes : il aspira plutôt de saisir théoriquement l'économie. Dans tout ce qu'écrivit Marx, la formation de théories et l'intérêt académique sont à l'arrière-plan. Marx commença de s'occuper des théories économiques jusqu'à ce qu'il pût trouver une position propre. Finalement, Marx deviendra un économe.

Avec l'écrit *Travail salarié et capital* se présente un nouveau Marx : l'économe politique tel qu'il le restera jusqu'à la fin de sa vie.

Toutefois, le livre *Travail salarié et capital* montre le vrai arrière-plan pour la carrière politico-économique de Marx et la raison pour laquelle des cercles du capital furent intéressés que la *Gazette Rhénane* et la *Nouvelle Gazette Rhénane* s'exprimassent professionnellement sur la question salariale par la rédaction de Marx. Les

luttes salariales durent, théoriquement aussi, être reléguées à la défensive. Marx fut contre les augmentations salariales et la justice salariale. Marx dit qu'il n'y avait pas de salaire juste. A cette fin, Marx prononça son discours spectaculaire (le 17 juin 1865) qui fut publié plus tard sous le titre de *Salaire, prix et profit*.
Certes, je suis du même avis : il n'y a pas de salaire juste. Pourtant, l'exigence d'un « salaire juste » est correcte – comme raison pour obtenir une compensation de salaire et contre la hausse des prix et l'inflation. C'est tout à fait hostile aux travailleurs de tirer dans leur dos avec une argumentation académique.
Certes, Marx fut un auteur appliqué, mais il ne fut pas un savant solitaire de cabinet et il fut toujours en relation avec la situation actuelle. Il donna des ordres qu'il répandit par des discours et des médias. Ainsi, il exerça une influence publique. Les effets qu'eurent ses positions théoriques, nous le verront, p.ex., vraiment dans les luttes ouvrières de l'année de 1865. Marx exposa sans ambages sa position. Il lui réussit ainsi qu'à son lobby de saboter littéralement l'émeute d'alors contre le système salarial capitaliste. Ceci est le noyau de la tragédie marxienne. Par sa théorie et la propagation de celle-ci, Marx devint un important fondateur théorique de la doctrine capitaliste. L'exigence selon laquelle *le capitalisme doit s'épanouir pleinement*, fait partie des principes les plus importants de la doctrine marxienne. Marx y a contribué de manière décisive. Sa raison : *ce n'est qu'ensuite que le socialisme peut être réalisé.*
La vie politique de Karl Marx se distingue par une guerre d'opinions contre des éminents penseurs de son époque. Même contre des révolutionnaires intègres contemporains polémiqua violemment Marx. Il ne respecta pas dans chaque cas le principe de la probité intellectuelle. Sa polémique eut pour effet d'isoler des leaders ouvriers et des leaders socialistes qui travaillèrent pendant la vie de Marx. Par sa formation universitaire et sa rhétorique peaufinée, il lui fut facile de les mettre hors de combat. Je pense qu'il est nécessaire de réhabiliter des personnalités intègres, p.ex. Wilhelm Weitling (1808-1871). Celui-ci fut mis à la touche par Marx et Engels. Pour la formation d'un mouvement révolutionnaire dans l'Allemagne du XIXème siècle, Wilhelm Weitling aurait pu devenir une force principale s'il n'avait pas été écrasé par Marx. Les lettres conservées

montrent combien Weitling a souffert sous la campagne marxienne. Un sort pareil subit Ferdinand Lassalle (1825-64) et d'autres personnes.[2]

**L'œuvre marxienne – les écrits.**

L'activité professionnelle de Marx consista dans celle de rédacteur et de journaliste. Il écrivit pour plusieurs journaux. Ses compositions étaient certainement marquées par le désir d'écrire ce que voulurent publier les éditeurs. C'est pourquoi je veux relativiser fortement l'importance de ces articles de journaux si je veux constater et présenter systématiquement les propres positions et thèses de Karl Marx.

Deux domaines principaux forment l'œuvre de Karl Marx : d'un côté, la conception de l'histoire ou, dite de façon plus globale, « les matérialismes dialectique et historique », et de l'autre, la théorie économique.

Chaque œuvre écrite est marquée immédiatement par l'image de l'histoire de son auteur. La plupart des auteurs ne sont pourtant pas conscients de leur propre approche théorique. Beaucoup d'auteurs n'ont au grand maximum qu'une image faiblement définie de l'histoire. Celui qui ne dispose pas d'une image précise de l'histoire, n'est pas capable d'en fournir une. Chez cet auteur manque la théorie de la science pour l'approche historique. Si l'approche historique et méthodologiquement consciente de l'objet, alors une compréhension qui intègre l'histoire, n'est pas garantie. Ce qui reste, est une chronique formelle d'événements.

C'est pourquoi toute critique devrait commencer par l'appréciation de l'image de l'histoire de l'auteur. Car l'approche historique est, consciemment ou inconsciemment, toujours un facteur marquant du penser.

---

2 Cf. ma biographie exhaustive de Marx: Karam Khella : *Marx, un mythe – une révision de l'histoire et de la théorie*, version française traduite par Jürgen Brankel, Theorie und Praxis-Verlag, Hambourg 2004. Ici, les traités de Marx sont intégrés dans le contexte de sa biographie.

Le premier pas d'un examen médical commence par l'anamnèse. Ce pas nécessaire vaut non seulement pour la médicine, mais pour chaque examen si celui-ci doit se dérouler correctement.
De ce fait, Marx en eut conscience. Il s'efforça d'une constitution d'une vision à lui de l'histoire et il crut de l'avoir fournie. A son approche, il donna le nom de « conception matérialiste de l'histoire ». Il n'est donc pas possible de comprendre le marxisme sans une connaissance précise des matérialismes dialectique et historique selon la création de Marx.
Dans le langage courant, les termes de « marxisme », de « matérialismes dialectique et historique » et de « philosophie marxiste » sont souvent employés comme synonymes. Cela n'est pas injustifié. Ces termes ne sont pas identiques, mais leur contenu se recoupe. Chacun d'eux possède ses limites spécifiques, autrement on ne pourrait pas établir des différences marquées entre ces trois termes. Dans le discours marxiste, ils sont souvent employés comme termes qui ont le même sens, du moins comme synonymes. Dans le sens de cette explication, je traite ici le « matérialisme dialectique et le matérialisme historique », le système théorique et le cadre théorique du marxisme avec l'attention due et la critique nécessaire.

**Economie politique et théorie de l'économie.**
La deuxième dominante de la vie intellectuelle et du produit littéraire de Marx est la « théorie de l'économie ».
Marx conçut le développement capitaliste, donc sa propre époque de vie, comme la suite d'un processus nomique à long terme. Il comprit, en général, l'histoire de l'humanité comme un déroulement selon des lois qui obéit à l'évolution de la force productive.
Ce système théorique, je le présenterai et l'expliquerai de plus près le moment venu.

Les stations de la légende autour de Marx :

1. Friedrich Engels a essayé, immédiatement après la mort de Marx, de styliser la mort de son ami. Cependant, Engels a fourni une contribution en tout sens constructive par les soins de l'édition de l'œuvre posthume de Marx. Engels y fut, de manière décisive, aidé par Karl Kautsky.

2. Lénine reprendra la légende qui a été construite par Engels.
3. Mehring évoque l'ambiance d'un mythe de Marx et qui fut déjà établi. Il loue beaucoup Marx, mais il est resté modéré en comparaison avec l'image de Marx que nous présentera le socialisme réel.
4. Rosa Luxemburg sera attaquée par des marxistes fondamentalistes. On lui reprochera d'avoir mis en question des points capitaux de l'œuvre marxienne.
5. Rosa Luxemburg maintient ses thèses et s'oppose avec force contre les reproches. Elle conteste d'avoir mis en question Marx et attaque les critiques en disant qu'ils sont des « épigones ». Rosa Luxemburg se défend en alléguant d'être une vraie marxiste. A ce sujet, je voudrais dire que Madame Luxemburg a réellement réfuté des points essentiels de la théorie marxienne – à juste titre. Apparemment, le mythe de marx était trop puissant pour être détruit publiquement.
6. Mehring loue Clara Zetkin-Zundel comme une vraie « héritière de l'esprit marxiste ». On y reconnaît la canonisation de Karl Marx.

Il n'y avait pourtant que la gauche qui aurait cru en Marx.
Les auteurs contemporains de Marx considérèrent celui-ci plutôt sceptiquement. Cela est confirmé par les lettres conservées de Wilhelm Weitling, mais aussi les appréciations de certains survivants de la Commune de Paris.
Le mythe de Marx est relativement vieux. Mais il ne naquit qu'après sa mort et a augmenté depuis constamment.

# Deuxième partie

# Deuxième Chapitre

# Anthropologie (1°)

## L'image de l'homme comme question cruciale de la philosophie.

## L'anthropologie comme pierre de touche De chaque *Weltanschauung*.

Au début était la raison.
La raison devint l'homme
L'homme dispose de conscience et d'être.

La question cruciale de toutes les philosophies, de toutes les sciences et de toutes les formes de la culture est « l'homme ». Chaque manière d'envisager les choses, doit être jugée selon la question de savoir comment elle se positionne par rapport à « l'homme ». Dans son universalité, sa souveraineté, sa majesté et son indivisibilité par rapport à la couleur de la peau, au sexe ou une quelconque caractéristique congénitale, l'homme est la mesure de l'appréciation de chaque *Weltanschauung*.

## L'anthropologie marxienne (1°).
## Introduction.

Marx a construit un édifice clos de pensées. Celui-ci se fonde sur quelques énoncés fondamentaux que Marx applique logiquement à chaque phénomène. Pour obtenir une herméneutique correcte de l'auteur, c'est-à-dire de le comprendre de la même façon qu'il s'est compris lui-même et qu'il a voulu être compris, et non pas comme d'autres ou moi le comprennent, ces thèses fondamentales doivent toujours être présentes à l'esprit et rendues claires, telles qu'elles sont appliquées, par Marx, à chaque phénomène, p.ex. « l'homme », « l'histoire » ou « la révolution ».
Une thèse clef de Marx et qui peut être considérée comme principe de départ de sa pensée, est l'énoncé que je donne d'abord en forme abrégée : *l'être social détermine l'être social.* D'autres principes sont la mise en priorité absolue de l'économie pour expliquer des phénomènes sociaux et surtout la considération spécifique des classes de l'homme et de l'être homme.
Au cours de mon analyse de l'œuvre marxienne, je vais m'efforcer de saisir complètement les thèses fondamentales de la pensée marxienne tant abstraitement que dans leur application.

## Linéaments fondamentaux de l'anthropologie marxienne.

A cet endroit suit d'abord un premier bilan des fondements de l'image de l'homme de Karl Marx. Plus bas va suivre une exposition plus exhaustive de son anthropologie. A la suite de la pensée philosophique de Marx va être démontré que celle-ci a des répercussions sur son image de l'homme.
Ainsi, je suis confronté à une double tâche : d'élaborer et analyser d'un œil critique d'un côté la pensée philosophique de Marx et de l'autre son image de l'homme.
Chaque proposition philosophique est en même temps une proposition anthropologique. Même si le discours ne parle pas de l'homme, il n'est pour autant pas moins anthropologique, car le spectateur est toujours l'homme. Celui-ci ne peut voir et juger les

choses qu'humainement. « Se taire » sur un thème est un cas particulier d'une expression d'opinion.
Marx s'est prononcé sur l'homme. Mais aussi là où il ne se réfère pas explicitement à l'homme, on peut tirer des conséquences concernant son image de l'homme. Sur le chemin de l'établissement de l'image de l'homme de Marx, nous devons d'abord exposer son système philosophique et discuter chaque fois les deux.
Dans la suite, j'indique des éléments qui ont valeur en tant que fondements de son image de l'homme.

**Premièrement – L'homme comme ensemble des rapports sociaux.**
La sixième thèse marxienne contre Feuerbach est une proposition clef de son anthropologie : « L'homme est l'ensemble des rapports sociaux. »[3]
Avec cette formulation, guère personne ne contesterait qu'un homme soit marqué par les rapports sociaux. Pour autant, il serait malhonnête d'invoquer la sixième thèse pour proclamer que Marx a découvert l'image de l'homme qui dépend de la société. Il est aussi malhonnête de lier l'image de l'homme marxienne à ce seul passage. Que l'on accepte l'anthropologie marxienne ou la critique par principe, on doit la considérer selon le cadre général de sa philosophie et la déduire du système complet de sa pensée.

**Deuxièmement – L'être détermine la conscience.**
Plus tard, Marx formula le principe qui devint fondamental pour l'ensemble de sa pensée : « Ce n'est pas la conscience des hommes qui détermine leur être, mais inversement, leur être social détermine leur conscience. »[4]
Sur ce principe, Marx construit l'ensemble de son anthropologie. Marx parle ici, certes, de la « conscience sociale », mais par rapport au premier principe (6ème thèse sur Feuerbach), l'homme en tant qu'individu ou en tant que collectif, représente un résumé des rapports sociaux.

3 Les thèses de Marx sur Feuerbach se trouvent en : Karam Khella, *Marx, un mythe*, pp. 49-64. La sixième thèse avec commentaire, p. 59 s.

4 Karl Marx, *Zur Kritik der politischen Ökonomie*, (1859), édition de Berlin 1971, Seite 15 (préface).

**Troisièmement – Les hommes entrent dans des rapports de production qui sont indépendants de leur volonté.**
Marx continue : « Les formations secondaires mêmes du cerveau des hommes sont des sublimations de leur processus matériel, empiriquement constatable et lié à des présuppositions matérielles. »[5]

**Quatrièmement – L'homme n'est pas sujet, mais objet de l'histoire.**
Au cours de ses déductions pendant une époque de 40 ans, Marx renforce la dépendance de l'homme de son être. Dans ce cadre, il appelle lui-même son système une « conception matérialiste de l'histoire ».
Marx, lui-même, n'a pas écrit une monographie au sujet de « l'image de l'homme » ou de « l'anthropologie ». Selon ma pyramide universaliste de la connaissance, l'image de l'homme respective marque tous les processus de la connaissance. En rétrospective, tous les énoncés permettent déduire l'image de l'homme. Chaque discussion avec Marx doit caractériser nettement son opinion de l'homme.
Les fondements de l'image de l'homme marxienne sont contenus en sa théorie de la société et sa conception de l'histoire. Je veux les rapporter dan la suite. En plus de sa compréhension de la société et de l'histoire, j'en déduis des aspects de l'image de l'homme marxienne. D'abord la théorie de la société :

---

5 *Deutsche Ideologie*, MEW, édition de Berlin (RDA) en 1969, Seite 26.

# Troisième partie
# Le système philosophique de Marx.

### Matérialisme dialectique et matérialisme historique.

Les termes « marxisme », « philosophie marxienne », et « matérialisme dialectique et matérialisme historique » sont utilisés comme synonymes dans le langage courant. Ils le sont aussi, du moins ils sont considérés comme en partie identiques.

## Troisième chapitre

### Introduction à la philosophie de Karl Marx.

**Synoptique :**
1. Introduction
2. La nostalgie du matérialisme
3. Matérialisme *versus* idéalisme
4. A la croisée des chemins philosophique ?
5. Comment vois-je la question d'une opposition entre l'idéalisme et le matérialisme ?
6. Résultat.

D'abord, il est à attirer l'attention sur le fait que ni Marx ni Engels ne nous ont légué une monographie philosophique. Tout aussi peu qu'ils ne nous ont légué une systématique de leur philosophie. Pour décanter celle-ci, je procède de la manière suivante :
a) Rassembler les énoncés philosophiques épars d'importance de Marx, les mettre en ordre, les intégrer dans un ensemble cohérent et en déduire un système.
b) Déduire l'arrière plan philosophique de ses appréciations et ses analyses.

c) Conclure de la polémique contre d'autres penseurs la pensée de Marx.
d) Comment Engels a présenté en tant que compagnon de vie son ami.

Marx et Engels divisent la philosophie en une philosophie idéaliste qu'ils refusent, et une philosophie matérialiste qu'ils s'approprient.[6] Ils ne prétendent pas d'avoir inventé eux-mêmes cette division, mais ils prétendent qu'ils ont contribué à la perfection du matérialisme. Tant l'idéalisme que le matérialisme ont une tradition longue, car la philosophie aurait toujours été, selon eux, ou bien « idéaliste » ou bien « matérialiste ».

**La nostalgie du matérialisme.**
Marx et Engels ont fait du matérialisme la base de l'ensemble de leur philosophie de telle sorte que l'accueil auprès de leur postérité a traité, du moins en partie, comme synonymes le « matérialisme dialectique » et le « matérialisme historique. »

**Matérialisme *versus* idéalisme – la croisée des chemins philosophique ?**
Je le répète, les écoles de l'histoire de la philosophie peuvent être, selon l'avis de Marx et d'Engels, divisées dans les deux grands courants de « l'idéalisme » et du « matérialisme » où les deux auteurs ont proclamé toujours qu'ils étaient des ennemis irréconciliables de l'idéalisme et des adhérents résolus du matérialisme. Du même coup, ils déclarèrent que le matérialisme était la théorie révolutionnaire en général.

> *« Selon qu'à cette question fut répondu de telle ou telle manière, les philosophes se repartirent en deux grands camps. Ceux qui affirmèrent le caractère authentique de l'esprit par rapport à la nature, donc supposèrent en dernière instance une création du monde en une quelconque manière – et cette création est souvent encore plus compliquée et plus impossible que dans le*

---

6 Friedrich Engels, Ludwig Feuerbach und der Ausgang der klassischen deutschen Philosophie, MEW 21, 259 ss. (Ouvrage écrit au début de 1886, trois ans après la mort de Marx.)

*christianisme, par exemple chez Hegel – formèrent le camps de l'idéalisme. Les autres qui regardèrent la nature comme la donnée originelle, appartiennent aux différentes écoles du matérialisme »*[7]

La conception avancée par Marx et Engels selon laquelle la philosophie se partage en philosophie matérialiste et philosophie idéaliste, n'est pas, avec des réserves, formellement fausse, mais extrêmement raccourcie. Elle n'est pas utile pour plusieurs raisons : les écoles philosophiques sont trop variées pour pouvoir les réduire à deux types d'école. En outre, il y a beaucoup d'écoles qui réunissent en elles et des éléments matérialistes et des éléments idéalistes. De plus, les matérialistes et les idéalistes peuvent se rencontrer et coopérer tant dans une perspective positive que dans une perspective négative.

L'*idéalisme* est tout à fait capable d'adopter une fonction progressive et un point de vue d'abnégation. Les idées peuvent avoir une force motivante et mobilisatrice.

Le matérialisme peut provisoirement gagner en importance et jouer un rôle progressiste, p.ex. par rapport au règne des dogmes et de la violence ecclésiastique dans des époques sinistres.

*Le rapport à la pratique* : du point de vue de la pratique, tant les matérialistes que les idéalistes peuvent être des alliés dans la résistance contre l'impérialisme. A beaucoup d''égards et dans des questions importantes, des mouvements d'idées peuvent s'adresser aux humanistes, aux croyants, à ceux qui n'ont pas de religion, aux agnostiques, aux gnostiques, aux matérialistes, aux idéalistes, à tous les hommes de bonne volonté, faire appel à eux pour obtenir leur appui dans le cadre d'une alliance ou sans une attache organisatrice, et obtenir leur adhésion.

En tout cas, la polarisation en matérialisme contre idéalisme n'est plus indiquée dans l'actuelle discussion philosophique et idéologique. Elle n'est ni utile ni actuelle. La raison en est accessoirement que les inférences et chevauchements sont très forts. Déjà du vivant de Marx et d'Engels, une telle polarisation était anachronique. Lors

---

7 Friedrich Engels, *Ludwig Feuerbach et la fin de la philosophie classique allemande* (composé au début de 1886), MEW 21, 259 ss.

de son effort de maintenir les fronts entre matérialisme et idéalisme dans la philosophie de son époque, Engels se trouvait toujours de nouveau embarrassé ce qui devient très clair dans son écrit *Ludwig Feuerbach et la fin de la philosophie classique allemande*.[8]
Considéré du point de vue de la théorie de la révolution, le matérialisme n'est ni plus révolutionnaire ni plus réactionnaire que l'idéalisme. Le matérialisme peut fonder le fascisme tout aussi bien que l'idéalisme des points de vue et des actions progressifs et révolutionnaires. Il est même possible que les idéalistes ont dépassé les matérialistes par leur esprit de sacrifice et les matérialistes les idéalistes par leurs crimes contre l'humanité. Des matérialistes peuvent agir mus par des motifs idéalistes tout aussi bien que les idéalistes peuvent agir mus par des intérêts matériels.

**Comment est-ce que je vois la question de l'opposition entre idéalisme et matérialisme ?**
De mon point de vue, la décision concernant la priorité de l'esprit ou de la matière, constitue une démarche erronée. Je veux l'exposer avec plus de précision dans la suite.

1. *Il n'y a guère de philosophie idéaliste sans une part matérialiste et inversement.* Pour cela, Marx est lui-même un exemple important. Ce représentant radical du matérialisme est plus idéaliste qu'il ne prétend de l'être. Quelques exemples pour son idéalisme :
   a) La vue spéculative sur les termes de l'histoire, à savoir le socialisme et le communisme.
   b) La foi en une fermeture de l'histoire et qui a pour conséquence que l'histoire de l'humanité a un parcours déterminé.
   c) « Le déterminisme historique ».
2. *Quant à la priorité de « matière » ou d'« esprit »* : Ce principe de distinguer matérialisme et idéalisme et qui fut élevé au rang de caractère distinctif, n'est pas suffisant pour distinguer les philosophies.
3. *« Le mythe de la création » comme critère de décision* : La thèse d'Engels selon laquelle la question sur la création doit être déci-

[8] Friedrich Engels: *Ludwig Feuerbach et la fin de la philosophie classique allemande* (1888), voir en particulier le chapitre II.

sive pour porter un jugement sur les systèmes, est une méprise. La théorie seule de l'évolution n'est pas appropriée pour être le critère d'une décision sur l'idéalisme ou matérialisme. Engels se trouve lui-même en une contradiction parce qu'il ne définit pas ce qu'est l'antithèse de la création. Il ne correspond plus aux temps modernes que des théologiens éclairés synthétisent la création et l'évolution. Je ne mentionne que la thèse du programme originel selon lequel le dieu-créateur aurait mis un programme d'évolution dans la cellule primitive.

4. *Cosmogonies :* L'histoire de l'esprit fournit une immense multiplicité de cosmogonies qui dépassent de loin le cadre arbitraire de polarisation proposé par Engels. Celui-ci ne rend que manifeste à quel point ses conceptions sur l'histoire de la philosophie et de l'esprit étaient limitées.
5. *L'être est éternel :* On ne discute point la question décisive qui veut que l'être n'a ni commencement ni fin. La conception selon laquelle l'être a un commencement hypothétique, crée beaucoup plus de problèmes que la thèse qui veut que l'être est éternel. Certes, l'être n'était jamais statique et lié à une forme fixe telle que le cosmos actuel.
6. *Une « priorité » de la matière ou de l'esprit n'est pas du tout pensable.* Il n'y a ni matière sans esprit et inversement. La matière est intelligent, autonome, capable de mouvement et d'évolution.

***Résultat*** *:* Pour Marx et pour Engels, l'idéalisme était absolument réactionnaire et le matérialisme révolutionnaire. Du point de vue historique, on doit, cependant, reconnaître l'importance de nombreux mouvements idéalistes dans la lutte contre l'exploitation, l'oppression, le tort et l'injustice. Si l'on fait abstraction du fait que Marx et Engels se sont décidés pour la priorité de la matière et pour la secondarité de l'idée, les deux se tinrent, cependant, à des traditions philosophiques établies. La question de savoir pourquoi il doit y avoir une différence entre matérialisme et idéalisme, était de second ordre dans l'histoire de la philosophie. On ne peut pas considérer comme une performance philosophique particulière le fait qu'Engels ait élevé cette séparation au rang de clé de voute de la philosophie. La philosophie s'est quelques fois posé cette question et elle y a répondu selon les cas. Du moins, cette question ne possédait pas de dramatisme particulier.

**Matérialisme dialectique et matérialisme historique.**
Staline fut le premier qui s'occupait de la présentation et codification *systématiques* du « matérialisme dialectique et historique ». Staline a voulu que Marx, Engels et Lénine parlassent autant que possible eux-mêmes. Si des thèses ont paru insatisfaisantes dans la réception marxiste du « matérialisme dialectique et historique », on reprochait à son traité « stalinisme » et non pas « marxisme ». Je ne peux pas comprendre cette injustice. On doit reprocher aux critiques du traité stalinien ses prétendus points faibles. Quant à Staline, il s'est efforcé par sa loyauté de bien comprendre les auteurs classiques du marxisme-léninisme.

# Quatrième chapitre.

## La dialectique.

**Synopsis :**

1. Sur l'histoire de la dialectique.
2. Les origines de la dialectique.
3. Qu'est-ce que c'est que la dialectique.
4. Les lois de la dialectique.
5. La dialectique chez Karl Marx.
6. La contribution marxienne à la dialectique.

La dialectique est la description de l'être. Mais comme l'être n'est pas une masse simple, homogène, inerte, la dialectique doit le saisir en sa complexité et mobilité. Il s'avère que les phénomènes présentent toujours une contradiction interne qui conditionne son mouvement. C'est pourquoi la dialectique s'occupe en premier lieu du caractère contradictoire de l'être et de ses effets sur le développement de la réalité objective et subjective. Elle s'efforce d'établir des régularités du mouvement des ordres de grandeur.

***Rétrospective historique :*** L'expression plus primitive pour la dialectique est ᶜilm al-Kalam ce qui signifie « science du parler, du discours ». La dialectique se propose de formuler la représentation langagière de la réalité objective et subjective de telle façon que celle-ci correspond à l'objet et le présente dans une proposition. Selon elle, le discours parlé et écrit doit correspondre à la complexité et au caractère contradictoire de la réalité.

La dialectique est une science et une méthode. Il s'y agit en premier lieu de la formulation, de « l'expression ». On doit employer des formules qui sont adéquats à l'être et lui correspondent. On doit s'efforcer d'utiliser une manière de s'exprimer qui reflète la réalité et le caractère intime des contradictions par le langage. En faisant cela, on doit résoudre la tâche qui consiste à trouver des conditions, des causes et des régularités du mouvement.

***Origines de la dialectique :*** Contrairement à la conception présentée habituellement en Europe selon laquelle l'origine de la dialecti-

que se trouve en Grèce, je constate que la dialectique est d'origine égyptienne. Elle fut ici désignée sous le nom de la « loi de polarité » ou des « lois de la polarité ». La dialectique remonte dans la vieille Égypte jusqu'à l'époque où l'écriture n'existait pas encore et à celle des premières écritures. La dialectique était déjà ancrée dans la philosophie du Thot dans le quatrième millénaire avant J.-C.
Au septième siècle après J.-C., ᶜilm al-Kalam naquit dans l'est arabe. A partir de la culture et philosophie arabes se répandit la dialectique dans le monde entier. A propos de ces datations, on ne doit, cependant, pas avoir l'impression que la loi de polarité, ᶜilm al-Kalam ou la dialectique sont l'expression d'un instant. La conscience dialectique de la réalité est d'une date plus reculée. Je constate que déjà lors de la constitution du langage, des moyens d'expression dialectique sont ancrés.

***Le duel :*** Le phénomène du duel est impressionnant. Le duel est caractéristique pour la langue arabe. Sa signification pour la dialectique, je l'ai présentée ailleurs[9]. D'autres éléments encore de la linguistique arabe renvoient à une conscience profonde dialectique, p.ex. l'action fiᶜl en tant que fondement de la formation des mots. ᶜilm al-Kalam pouvait s'appuyer dès le début sur une conscience dialectiques qui existait depuis longtemps.[10]

***Qu'est-ce que c'est que la dialectique ?*** Un phénomène quelconque consiste en deux côtés et représente ainsi une contradiction inhérente à lui. Les deux côtés s'attirent et se repoussent en même temps. Les deux côtés se conditionnent mutuellement et s'excluent en même temps l'un l'autre. Les deux côtés dépendent l'un de l'autre, c'est pourquoi ils sont solidaires du phénomène. Par la tension entre les deux côtés, le phénomène n'est jamais en état d'arrêt, mais en une dynamique constante.

*Le mouvement :* Le rapport entre les deux côtés est caractérisé par « la cohésion et la tension ». Ce caractère particulier fonde le mouvement comme une propriété de chacun des phénomènes. C'est donc le caractère intime de la contradiction d'un phénomène qui

[9] *Arabische und islamische Philosophie*, Hamburg, Theorie und Praxis Verlag, 2006, Seite 21 – 35.

[10] Khella, *l.c.*, Seite 49-55. Le concept européen de « dialectique » s'explique par une traduction réussie de « ilm al-Kalām ».

conditionne sa dynamique. Je ne parle pas ici d'une force externe qui viendrait du dehors, influencerait l'objet et le mouvrait peut-être dans l'espace et le temps ; je parle ici de la mobilité propre à chaque phénomène.

*Développement :* Je m'intéresse à cet endroit la dynamique intérieure qui conditionne, d'une façon autonome, l'auto-mobilité constante du phénomène. Par cette dynamique intérieure, les phénomènes se développent d'abord quantitativement, puis qualitativement. C'est la raison pour laquelle la réalité est en mouvement, changement, transformation, développement constants. Le vieux devient le neuf.

**Les lois de la dialectique.**

Les dialecticiens s'efforcent de saisir par le langage la complexité, la contradiction et le mouvement de l'être et de les exprimer par des propositions. Ce sont les tâches de la dialectique que d'établir les forces inhérentes à un phénomène, de les formuler, de les décrire pour les employer, le cas échéant, en pratique.

Les observations qui se répètent et se laissent établir analogiquement dans différents phénomènes, sont généralisées et dressées en principes ou lois. Il s'avère que quelques points communs se montrent dans la nature, le monde, la société, et la pensée, et qui caractérisent tous les phénomènes, et déterminent leur mouvement et leur développement. Ce fait justifie qu'on institue des lois. Ces observations par rapport à l'être et à son développement valent d'être consignées et définies comme principes de la dialectique. J'énumère les principaux traits :

1. *Cohérence totale (totalité) :* le principe de la totalité désigne la cohérence totale de tout étant.
2. *Dynamique (mouvement) :* le principe de la dynamique se réfère au mouvement constant de tout étant. Le mouvement perpétuel fonde l'évolution et la mutation des phénomènes.
3. *Contradiction intérieure :* une caractéristique du phénomène est sa contradiction intérieure. Le phénomène consiste de deux côtés qui s'attirent et se répugnent l'un l'autre. La force d'attraction tient ensemble le phénomène, la répulsion conditionne son mouvement.

4. *Côtés principal et secondaire :* les deux côtés ne sont, en règle générale, pas égaux. L'équilibre du phénomène est relatif. Sa mobilité change le rapport des deux côtés et sa force relative par rapport à chacun des deux côtés. Ce n'est qu'une exception et qu'une transition qu'il y a un équilibre des deux côtés. Le côté principal et le côté secondaire peuvent changer leur position, non seulement une seule fois, mais souvent.
5. *Les développements quantitatifs passent en développements qualitatifs (« saut qualitatif ») :* le mouvement d'un phénomène y montre une régularité par le fait qu'au développement quantitatif suit le revirement qualitatif. L'étape quantitative dure relativement longtemps. Les changements sont latents, invisibles, lents, par degrés. L'étape qualitative est brusque, brève, visible, on l'appelle donc aussi « saut qualitatif ».
6. *Nouvelle qualité :* C'est une conséquence du saut qualitatif que le vieux phénomène sera brisé et détruit. Les deux côtés du phénomène se scindent définitivement. Il en résulte plusieurs possibilités : les deux côtés peuvent, par exemple, diverger ou converger.
7. *Négation de la négation et position de la position :* Il s'y montre que l'un des côtés est en déchéance et détruit, et est voué à la perte, tandis que l'autre sera renforcé.
8. *À partir du vieux naît du neuf :* la naissance du neuf à partir du vieux positionne la position et nie la négation. Le plus fort sera affirmé, le moins fort sera nié. Ce n'est pas seulement la puissance physique qui décide sur le fait qui est plus fort et qui est plus faible, mais cette décision procède, en première instance, d'après d'autres éléments, p. ex. la supériorité morale, la véracité et la force portante. L'histoire montrera qui aura le statut de la négation et qui aura le statut de la position.
9. *Continuité et discontinuité :* la dialectique nie la naissance à partir du néant. Des formulations comme « l'heure zéro », « l'année x » sont aussi adialectiques et métaphysiques que les représentations des ruptures radicales qui auraient pour suite une recréation totale. La disparition totale et la création radicalement nouvelle ne peuvent pas se produire à partir d'un état zéro. C'est la raison pour laquelle on refuse la « création ex nihilo », la création à partir du néant.

10. *La dialectique contre la linéarité :* le développement n'est pas linéaire, mais en spirales, non pas homogène mais hétérogène.
11. *L'unité et multiplicité de l'être :* L'être se développe par le procès qui vient d'être décrit. Les phénomènes s'épanouissent dans leur variété et continuent à s'engendrer. Des phénomènes nouveaux s'engendrent à partir d'anciens phénomènes et produisent, à leur tour, de nouvelles espèces. L'évolution n'a pas atteint sa fin. Des mutations, des changements qualitatifs, des sauts quantiques et des renouvellements élargissent l'éventail.

Malgré la multiplicité qui s'augmente continuellement, l'être maintient son unité. L'univers n'est pas une accumulation d'éléments isolés et de fragments, mais une totalité intégrée et unifiée. Dans la multiplicité, il y a de l'unité. Dans l'unité, il y a de la variation. La multiplicité garde l'unité de l'être.

***Les catégories dialectiques :*** Au cours de l'évolution millénaire, quelques catégories dialectiques se sont avérées comme étant d'une importance particulière.

**Des couples dialectiques :**
L'étre / le néant,
L'être / l'apparence,
L'essence / l'apparence,
L'essence / la forme,
L'universel / le particulier,
Le particulier / l'universel,
Le concret / l'abstrait,
L'abstrait / le concret,
L'induction / la déduction,
La quantité / la qualité,
La convergence / la divergence,
La continuité / la discontinuité,
La cause / l'effet,
Le sujet / l'objet,
La partie / le tout,
Le début et la fin.

**La dialectique**
Esquisses sur la dialectique

Karam Khella trace au tableau noir trois flèches opposées qui forment des couples conceptuels:

Le particulier /l'universel
Le concret /l'abstrait
La déduction /l'induction

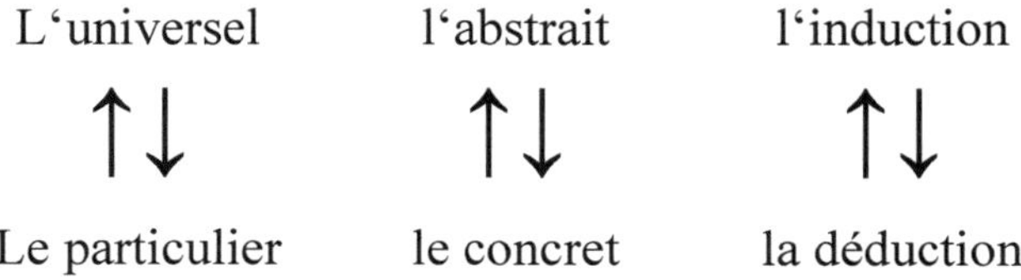


Les couples conceptuels peuvent être coalisés. On en peut déduire raisonnablement en tant qu'exemples :

1. L' induction (du singulier à l'universel) ; à partir de cas singuliers, on peut établir une régularité universelle. Et inversement, la déduction de l'universel à partir du particulier est une « induction ».
2. La « déduction » du particulier à partir de l'universel est une conclusion du particulier à partir de l'universel.

   Exemples : l'induction : plusieurs hommes montrent des symptômes communs lors d'un examen médical. On en conclut qu'il y a une épidémie.

   La déduction est ensuite utile pour le diagnostic et la thérapie des patients isolés dans le cadre d'une épidémie.

   La déduction est la connaissance du cas particulier à partir du phénomène général ou la loi.

   Un objet concret est abstrait et ensuite généralisé. La rose est une plante, l'arbre est une plante, le palmier est une plante. Les plantes ont des caractéristiques communes et leurs particularités. L'abstraction mène à la constitution de la botanique en tant que discipline. La flore et la faune ont des choses communes et des particularités.

Les frères de la pureté constatèrent il y a plus de mil ans que les palmiers sont géminés, c' est une caractéristique qu'ils ne partagent pas avec d'autres plantes. Les frères de la pureté y voient la transition de la botanique à la zoologie.

La catégorisation dialectique est la détermination de phénomènes qui vont ensembles mais qui ne sont pas identiques, qui forment une interaction et, ensuite, un couple conceptuel. Exemples:

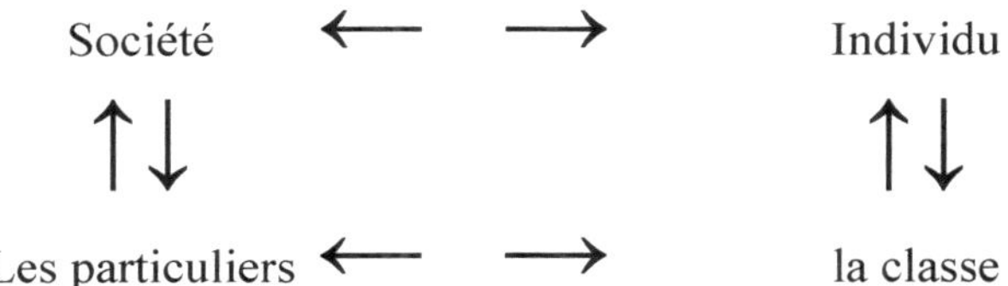


Résumé : un phénomène quelconque consiste de deux côtés qui forment une contradiction. Les deux côtés exercent une attraction l'un sur l'autre ; et la catégorisation dialectique est la détermination de phénomènes qui vont ensembles mais qui ne sont pas identiques, et qui forment une interaction et, ensuite, une couple conceptuel.
Exemples:

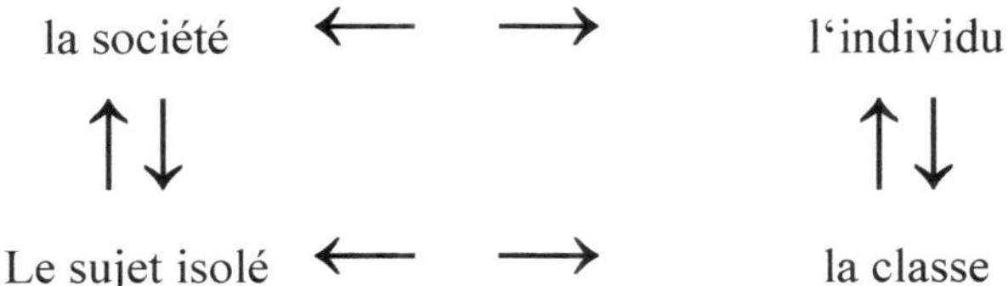


Résumé : un phénomène quelconque consiste de deux parties qui forment une contradiction. Les deux côtés exercent une attraction l'un sur l'autre, et ont, en même temps, une répulsion. Ainsi, le phénomène reste en continuel mouvement et en évolution continuelle jusqu'à ce qu'il devienne un autre par un saut qualitatif.
Le nouveau phénomène est, de son côté, composé de deux côtés opposés. La lutte des deux contradictions prolonge le processus et il en résulte que le phénomène en sa forme antérieure est cassé.

De la décomposition naît du nouveau. À partir du périssable devient du nouveau, à partir du vieux procède du nouveau. Cela est une loi universelle et éternelle. Ainsi la naît la multiplicité des choses.

***Conclusion :*** Un phénomène quelconque consiste en deux côtés qui forment une contradiction. Les deux côtés s'attirent et se répugnent en même temps. Par cela, le phénomène reste constamment en mouvement et développement jusqu'à ce qu'il passe en un nouveau phénomène par le saut qualitatif.
Le nouveau phénomène est de son côté composé d'une nouvelle contradiction consistant en deux côté adverses. La lutte des deux oppositions continue le processus, et il advient que le phénomène éclate dans sa forme ancienne.
De la décomposition naît quelque chose de nouveau. A partir du périssable, quelque chose de frais se génère. A partir de l'ancien, quelque chose de neuf procède. Cela est une loi universelle, éternelle. Ainsi naît la déchéance des choses.
La dialectique aspire à découvrir le caractère contradictoire d'un phénomène et son dynamisme. C'est la raison pour laquelle on pourrait désigner la dialectique comme la « théorie de la contradiction ». En m'appuyant sur la philosophie de Thot, je préfère le terme de la « polarité ». Elle est universelle.

***Catégorisation dialectique :*** la catégorisation dialectique signifie la résolution d'un phénomène en ses deux côtés polaires en lesquels il consiste.

**La dialectique chez Karl Marx.** Marx a déclaré qu'il voulait mettre la philosophie hégélienne sur ses pieds. Quant à la matière de la dialectique, Marx marchait sur les traces de Hegel, nommément de sa *Phénoménologie de l'esprit* (1807). D'après cette forme de la dialectique, les deux côtés d'un phénomène se trouvent dans une opposition. Au cours de leur évolution, ils échangent leur position. La lutte des deux côtés finit par la « négation de la négation ».
La dialectique hégélienne est idéaliste. Marx l'a reprise et l'a liée à sa conception matérialiste de l'histoire. Cette synthèse explique les moments idéalistes dans le matérialisme marxien.

**La contribution de Karl Marx à la dialectique.** Contrairement à l'opinion répandue, Marx a contribué peu de choses à la « théorie » de la dialectique.

En théorie, c'est Mao Zedong qui est méritoire. Par ses *Quatre monographies philosophiques*, Mao a développé la dialectique matérialiste aussi bien en tant que fondement théorique qu'en tant qu'en vue de l'application à la pratique.

La contribution de Marx à la dialectique consiste moins dans le développement de la théorie dialectique que dans son application – de préférence au domaine de la conception matérialiste de l'histoire et à l'économie politique. Il a montré l'importance fondamentale de la contradiction entre les producteurs (p.ex. les ouvriers salariés) et les propriétaires des moyens de production (p.ex. les capitalistes).

Une contribution méritoire de Marx à la dialectique est sa définition du double caractère de la marchandise.

Par son application de la dialectique, Marx a fourni d'éminents exemples pour la caractérisation d'un objet et de sa catégorisation dialectique. Les mérites de Karl Marx par rapport à la dialectique se trouvent dans leur application lors de ses analyses. Il a caractérisé des rapports économiques et sociaux par leur contradiction inhérente et par le dynamisme de celle-ci. Les exemples les plus importants sont :

a) ***La société :*** En contradiction à la conception dominante d'une société en tant que communauté unie, Marx a caractérisé la société comme une société de classes, comme un système qui consiste en deux classes opposées. Dans le capitalisme ce sont les deux classes basales : la bourgeoisie et le prolétariat. Le développement social suit le dynamisme de la contradiction des deux classes piliers. De la division de la société en deux classes basales, Marx a déduit sa théorie de la lutte des classes.

b) ***La marchandise :*** Dans son analyse du capital, Marx a reconnu la marchandise comme *l'unité élémentaire du capitalisme.*

c) ***Le double caractère de la marchandise :*** La marchandise est caractérisée par sa contradiction inhérente. Pour le vendeur, elle a une valeur d'échange, pour l'acheteur une valeur utilitaire. Les deux côtés s'excluent, mais ils se conditionnent mutuellement.

d) ***Les rapports de production :*** la manière de production fonde le rapport de production, rapport qui lui est propre. Ce rapport se forme comme la contradiction entre les producteurs et les propriétaires des moyens de production. Dans le capitalisme, ceci est la contradiction entre les ouvriers salariés et les capitalistes. Dans le capitalisme, le producteur est séparé des moyens de production. A l'époque précapitaliste, le producteur était lié au sol, c'est-à-dire au moyen le plus important de la production.

e) ***Base/superstructure :*** la catégorie sociologique de la « base et superstructure » est en principe d'une force portante analytique. Elle s'avère utile lors de l'analyse dialectique de la société.

Mao Zedong a introduit une nouveauté importante de la dialectique matérialiste dans ses *Quatre monographies philosophiques.*

## Problématiques

### Synopse du contenu

1. « Commencement » et « fin »
2. « Être » et « conscience »
3. « Cause » et « effet »
4. « Condition » contre « cause ».

# Chapitre cinquième

## « Commencement » et « fin » comme problème dans la philosophie.

**Qu'est-ce qui était au commencement ?** En réalité, les philosophes se sont toujours disputés sur la priorité de la « matière » ou de l' « esprit ». Hegel, Marx et Engels n'en sont pas une exception. On est pourtant surpris de la question de savoir pourquoi ils et leurs prédécesseurs n'ont pas trouvé la réponse la plus logique, la plus plausible et la plus concevable : la matière et l'esprit, l'être et la conscience sont complémentaires. Aucun de ces éléments n'existe jamais pour soi et tout seul. Les deux éléments s'appartiennent. Il y a une simultanéité de la matière et de l'esprit. – La question est double : « commencement » et « histoire ». Tandis que le problème de la question de savoir ce qui était en premier, se laisse résoudre, avec satisfaction, par leur existence synchrone et leur « fin », la deuxième partie de la question est relativement plus simple.
La question est devenue dans son ensemble difficile lorsqu'on définissait l'acte de création comme « commencement » à la suite d'une fixation de cette création et il n'importe pas de quel côté idéologique cette fixation fut établie. « Au début, Dieu créa le ciel et la terre » (Genèse 1, 1). Ainsi, on procéda à une incision dans l'atemporalité. La conséquence en est qu'il y a non seulement un commencement, mais aussi un temps précédant ce commencement. En ce qui concerne la partie de l' « histoire », c'est-à-dire ce qui se produisait après le commencement présumé, on peut répondre : cela dépend toujours de la situation concrète. L'analyse concrète doit établir la réponse et le primat selon les cas individuels.
*Où est-ce que se trouve le vrai problème ?* On le cherche dans l'objet et ne le trouve pas, parce que le problème se trouve dans chaque tête. Nous, les hommes, avons pris l'habitude de nous représenter le « temps » comme un déroulement linéaire : des événements doivent avoir un « commencement » et une « fin ». Le commencement n'est rien d'autre qu'on point de référence arbitrairement choisi, de même la fin. On imagine que les choses se dérou-

lent selon la devise « Qu'il soit », donc il entre dans la réalité. Il n'y a ni le temps ni le commencement. Il y a des processus. Il n'y a pas de commencement de la matière, mais son existence atemporelle, éternelle. Le temps naît par exemple si nous tenons en main une montre et que nous mesurons le déroulement d'un événement.

# Chapitre sixième

## « Être » et « conscience ».

Le problème du rapport entre l'être et la conscience qui serait la question prétendument essentielle de l'agir révolutionnaire, a été solutionné de manière fautive par Feuerbach, Marx et Engels.

*« La matière n'est pas une produit de l'esprit, mais l'esprit lui-même n'est que le produit suprême de la matière. »*[11]

La conscience et l'être forment une dialectique. Il n'y a pas d'être sans la conscience. Ils sont les deux côtés du phénomène de « l'existence ». L'un présuppose l'autre. Les deux se conditionnent mutuellement, et l'état de développement de chaque côté est analogue à son corrélat. La priorité respective change entre la conscience et l'être. C'est l'analyse spécifique de chacune des positions ou des événements qui établit la priorité respective. Mais on ne doit pas considérer ce point de vue conciliateur comme un consensus définitif.
Dans tout ce que Marx a traité, il a été guidé par le principe selon lequel « l'être détermine la conscience ». Pourtant, il a dépassé, et de loin, la fin. L'être a été rendu absolu, la conscience a disparu derrière l'ombre de l'être.

**Rapport à la praxis.** La systématique philosophique abstraite ne serait aujourd'hui que d'un intérêt académique si elle est établie sans le rapport à la praxis. J'attache une grande importance à la « priorité de la conscience » par rapport à l'être, car ainsi je me déclare comme responsable de l'être. Ainsi, nous obtenons le règne sur l'existence et sur sa formation selon des principes définis, tels que la justice, l'indépendance de l'oppression et de l'exploitation, l'égalité et d'autres.

---

[11] Friedrich Engels d'après Feuerbach, in: Engels, *Ludwig Feuerbach und der Ausgang der klassischen deutschen Philosophie* (1888), MEW, Sonderdruck, page 30.

C'est la praxis qui compte. Dans un monde divisé qui est marqué en toute chose par le dualisme, il s'agit de prendre partie : contre la guerre et pour la paix, contre l'oppression et pour la liberté, contre l'exploitation et pour la justice, contre la discrimination et pour l'égalité. L'être est le monde divisé. La conscience : lutte contre la division et le dualisme et pour l'unité. « La conscience au-dessus de l'être » veut dire que l'on reconnaît aux peuples opprimés et exploités la légitimation d'agir révolutionnairement et de lutter pour leur libération. « La conscience au-dessus de l'être » veut aussi dire que les peuples dans leur résistance anti-impérialiste peuvent prétendre à la solidarité et l'appui de tous les hommes de bonne volonté.

# Septième chapitre

## La dialectique de cause et d'effet – La problématique de la causalité.

**Contenu :**

1. Introduction
2. Le rapport de la cause et de l'effet
3. Les causes contre les conditions – les positions du problème et les essais de solution – la question de la causalité
4. La causalité est un piège
5. Critique de Marx par rapport à la « causalité »
6. La nécessité de la théorie universaliste de la connaissance et de l'histoire – vue par rapport à la question de la causalité
7. Le rapport à la praxis.

**Introduction :** La relation entre la cause et l'effet est un rapport universel. Le rapport entre la cause et l'effet est relatif et non absolu. Les mêmes causes appellent dans des situations similaires des effets différents ou aucun effet.

Personne ne s'engagera naturellement de manière offensive contre la relation entre cause et effet. C'est la raison pourquoi il est nécessaire de questionner les partenaires de la discussion avec plus de précision ce qu'ils veulent dire par les causes. Souvent, nous constatons qu'ils parlent de « causes » là où il ne s'agit que d'une occasion qui déclenche une certaine réaction.

Les « causes » qu'on invoque ne suffisent pas. Dans la science bourgeoise et même au sein des universités, une pensée dépourvue de cause est prédominante.

Le sens politique pour l'enseignement d'une science sans causes, consiste en ce que la recherche conséquente des causes et des conditions ne s'arrête pas devant les sanctuaires ou les tabous. On établit une chaîne de causes. Ensuite, on découvre les conditions systématiques. La critique du système est inévitable. – Le marxisme est un cas particulier de la « pensée sans causes ».

**Le rapport de la cause et de l'effet :** Le rapport de la cause et de l'effet est un principe universel auquel on peut attribuer un caractère de loi. Cependant, on doit tenir à l'esprit qu'aucun des deux côtés de la dialectique entre la cause et l'effet n'est statique. L'effet devient la cause, il y a donc une dynamique et un développement.
Mais comme il y a une connexité d'ensemble de tous les phénomènes, les rapports entre la cause et l'effet ne peuvent pas être efficaces indépendamment d'autres facteurs.
Les « causes » ne peuvent devenir efficaces que si les « conditions » de leur efficacité sont données. Les « conditions » sont placées au-dessus des causes, car l'effet de la cause dépend des conditions. Les conditions sont donc des déterminants supérieurs.
Une cause peut être efficiente dans un cas, et pas efficiente dans un autre cas ou pas dans la même mesure.
Un exemple concret et réaliste peut rendre claire le rapport entre la cause et la condition : un virus infectieux se propage. A devient malade, et non B. Apparemment, il y avait chez A des conditions, des dispositions pour la maladie, et non pas chez B. Ces conditions peuvent être p.ex. un corps affaibli, une mauvaise alimentation, une immunité fautive, etc. Les conditions sont, dans cet exemple, à identifier aux conditions au sens strict. Un autre exemple est pris dans le domaine social : deux enquêtes s'occupent des causes du manque d'abris. L'enquête A en voit la raison chez les sans-abris eux-mêmes, leur manque d'abris serait dû à leur manière de vivre et leur comportement social. L'enquête B en réduit, en principe, le manque d'abris au problème d'habitat dans le capitalisme, au manque d'une sécurisation d'habitat et au manque d'une protection contre le licenciement, etc. On pourrait en commenter :
L'enquête A a saisi des *causes possibles*.
L'enquête B a fait une recherche sur les *conditions*.

**Causes contre conditions :** Le mouvement dans la nature, la société, l'histoire et la pensée réside dans le matériel, c'est-à-dire dans la matière. Cette formulation positive, nous la répéterons avec une négation. Les « conditions » du mouvement résident dans les choses elles-mêmes ; la cause du mouvement réside à l'extérieur des choses. Les conditions sont endogènes, les causes sont exogènes.

Une cause n'est efficiente que si les conditions de l'efficience sont données. Exemple : le chauffeur monte dans sa voiture et branche le moteur, mais la boîte de vitesse ne réagit pas. Il constate qu'il n'y a pas d'essence. Après avoir prise de l'essence, la voiture redémarrera. Donc, une condition n'était pas remplie. Mais une voiture avec un réservoir plein reste sur place si le chauffeur n'actionne pas le démarreur. Ce n'est qu'à la suite de l'action du chauffeur que le moteur démarre.
Nous continuons d'expliciter : une impulsion identique retentit différemment puisqu'elle dépend de l'objet. A une impulsion égale, un ballon léger vole au loin, un ballon lourd moins loin.
Avant que le ballon ne s'arrête de rouler, un autre joueur lui donne rapidement un coup de la même force que celle qu'avait employée son prédécesseur. Le ballon parcourt alors un trajet plus long que lors du premier coup.
Qu'est-ce que nous voulons prouver par ces exemples ? Dans tous les cas, il s'agit de l'action *« consciente »* et non de l'état objectif. L'état objectif semble être primaire, mais en réalité il est secondaire. L'état objectif dépend de la conscience de ceux qui le meuvent. Ceux qui meuvent peuvent changer la situation et créer des états souhaités. Ils y parviendront grâce à la conscience correspondante. Les conditions ne peuvent pas changer parce qu'elles représentent « l'être » et non « la conscience ».

## Les positions du problème et les essais de solution

### La question de la causalité

**Synopse :**
1. La causalité est un piège.
2. Critique de Marx par rapport à la « causalité ».
3. La nécessité de la théorie universaliste de la connaissance et de l'histoire – ici par rapport à la question de la causalité.
4. La fonction et la cause.
5. Le rapport à la pratique.

**La causalité est un piège :** Dans la pratique et la discussion politique, nous apprenons combien souvent est violemment discutée la question de la cause ou des causes d'un événement déterminé et qu'il n'y a pas de consensus à son sujet.
Les Etats-Unis et l'OTAN attaquent l'Iraq. On avance des raisons qui s'échelonnent de conflits personnels parmi les présidents de deux Etats jusqu'aux intérêts liés au pétrole. Aucune des raisons n'est satisfaisante. Aucune d'elles ne justifie l'étendue des crimes immenses perpétrés contre le peuple iraquien et les destructions de sa culture de pointe ainsi que les suites pour le reste de l'humanité, le monde et l'écologie.
Si l'on regarde de plus près, on constate que chaque participant de la discussion reproduit un schéma de pensée et qui était déjà présent dans la tête avant que l'Iraq ne fût agressé. L'explication avancée et présumée satisfait tant le rhéteur que l'auditeur puisqu'ils pensent avoir trouvé une cause qui satisfait le besoin de plausibilité.
C'est précisément la dispute des causes qui trahit la présence d'un « cercle herméneutique close » chez les participants qui reproduisent, chacun d'eux, un patron fixe d'explication ou un schéma des causes.

*Personne ne détruit autrui que si tout d'abord il ne se détruit pas lui-même.*

**Critique de Marx par rapport à la « causalité » :** En supposant un processus déterminé de l'histoire, Marx a détruit la relation entre cause et effet : ce qui s'est réalisé a dû être réalisé, c'est-ce que dit le déterminisme historique.

La question de la causalité appartient aux faiblesses sensibles du concept marxien de l'histoire et de la société. Il a fourni une macro-théorie qui est supposée d'expliquer l'ensemble du processus historique. Même pour résoudre des questions de détail, Marx pouvait s'appuyer sur le « caractère de l'époque » pour résoudre des problèmes particuliers. Ainsi, Marx s'est épargné l'examen des causes et des conditions qui, elles, ont dans tous les cas leur dynamisme propre et leur propre part dans l'évolution.

Marx a directement exigé d'attendre le développement des conditions objectives. Ainsi, il a enseigné que les hommes sont fatalement soumis à un déterminisme. Marx a enseigné : le capitalisme doit d'abord finir par mûrir pour qu'il soit capable de nous mener vers le socialisme.

La suppression de la loi de cause et d'effet signifie une dé-subjectivation de l'histoire, car seuls les hommes peuvent faire démarrer, par la force d'un libre arbitre et d'une liberté de décision, les causes qui meuvent, ont des effets, et changent le monde. Les hommes peuvent projeter des utopies sociales et les appliquer s'ils sont suffisamment déterminés.

Ceci vaut tant pour l'histoire par en bas que pour celle par en haut, donc pour un agir constructif et progressif ainsi que pour un agir agressif, destructeur, oppressif et exploitant.

**La nécessité de la théorie universaliste de la connaissance et de l'histoire – ici par rapport à la question de la causalité :** Par l'établissement de la pyramide de connaissance, la théorie universaliste a fait un grand saut en avant par rapport à la réduction méthodique et systématique des suites à leurs racines, leurs causes et leurs conditions.

L'universalisme lie la théorie et la praxis. Il récuse le déterminisme historique et souligne : l'histoire est anthropogène. Légitimer l'homme en tant que sujet de l'histoire, signifie de reconnaître sa capacité *de causer des effets*. Dans la praxis, cela veut dire que l'homme est capable d'intervenir dans les processus sociaux, de les guider et piloter, et de créer les présuppositions qui mènent à la réalisation des buts.

**Fonction et cause :** Il n'y a que rarement une relation immédiate entre « une » cause et l'un de ses effets. Souvent, il s'agit de plusieurs facteurs qui ont des effets cumulatifs ou se contredisant. Ces effets peuvent être détaillés en fonctions et être additionnés en sommes.
L'interconnexion de plusieurs facteurs ne supprime pas en principe la relation entre cause et effet. La complexité se laisse décomposer et analyser en des facteurs particuliers. Dans le meilleur des cas, ceux-ci peuvent être calculés. Ainsi, ils permettent un pronostique sur l'issue de l'évolution.

**Le rapport à la praxis :** La corrélation à la praxis consiste dans le fait que les hommes voient et connaissent, en général, les causes, mais que les conditions immédiatement visibles ne sont pas perçues. On discute, en général, sur les « causes et les suites », mais une telle analyse est trop courte.
Si on veut mouvoir et changer quelque chose, il ne suffit pas d'agir seulement sur le plan des causes. Si, néanmoins, le succès désiré se fait jour, alors il ne s'agit pas d'un succès stable. Il faut changer les conditions.
Le réformisme ne veut pas changer les conditions, mais les causes immédiates – et souvent aussi seulement les suites. Ainsi, rien ne sera changé.

## Matérialisme contre idéalisme.

Marx était bien matérialiste dans la confrontation directe à l'idéalisme. Cependant, il est arrivé là où il n'a pas voulu aller. Par l'abstraction qui l'avait aliéné de la réalité, ainsi que par l'aliénation de l'analyse d'avec la réalité, on peut le considérer comme un idéaliste.
Mais cela ne veut pas dire qu'une abstraction est idéaliste de manière principielle. L'abstraction est nécessaire, sinon la philosophie et la science n'étaient pas possible. Cependant, l'abstraction peut induire en erreur. Surtout si elle s'aliène de la praxis, perd le contact avec le concret et reste sans rapport au particulier.

# Chapitre huitième.

## Abstraction.

Que l'attention soit attiré au préalable au fait que l'abstraction est une méthode universelle de la science et de la philosophie. On n'a pas le droit de supposer que l'abstraction est nécessairement idéaliste. On trouve l'abstraction tant dans l'idéalisme que dans le matérialisme. Or, un auteur peut procéder à une abstraction matérialiste, mais il peut avoir ses racines dans l'abstraction idéaliste et échoir ainsi à l'idéalisme. Le diagnostique de « dérapage » convient malheureusement en sa plénitude à Marx. Malgré sa prétention matérialiste, il glissait dans les chaînes de l'abstraction idéaliste.

Un exemple en est fourni par son œuvre en quatre tomes le *Capital*. La genèse de son erreur a parcouru quatre étapes.
En premier lieu, Marx se proposa d'analyser le circuit économique. Pour cela, une abstraction était nécessaire comme dans chaque procédé scientifique, pour transformer des états de choses en catégories langagières.
En deuxième lieu, Marx détacha de la concrétion l'abstraction.
En troisième lieu, il poursuivit la logique propre de ses formules de référence tout en y oubliant entièrement la réalité. – Dans son bureau personnel à Londres, il imagina ses équations tandis que la réalité raillait de ses calculs. Les rapports d'échange que Marx a décrit, ne se réalisent que sous des conditions d'un laboratoire. L'impérialisme avançait globalement. La praxis de celui-ci est le génocide et l'exploitation pendant que Marx s'appliquait à continuer ses calculs. Il n'était pas capable de reconnaître que, sous des conditions capitalistes, la plus-value est incalculable.
Il s'y rajoute un quatrième moment. Marx a présenté et problématisé le concept d'aliénation. Il emploie ou bien *Entfremdung* ou bien aliénation qui est le mot latin de *Entfremdung*. L'idéalisme connaît naturellement aussi ces deux termes sans se demander pourtant – il faut malheureusement le dire – combien loin il s'est éloigné de la réalité hors du cabinet d'études des philosophes. Même les sources

principales de Marx, à savoir Adam Smith et David Ricardo, étaient plus près de la réalité que Marx.

**L'abstraction** est un piège. La situation devient dangereuse là où l'observateur se détache de la réalité, ne flotte que dans un monde imaginaire, et perd le contact de la réalité.

# Chapitre neuvième.

## Matérialisme.

**Synopse :**
1. Introduction,
2. Le matérialisme chez Marx,
3. Ma critique de la conception marxienne du « matérialisme »,
4. La prétention matérialiste – le contenu idéaliste,
5. L'appréciation du matérialisme marxiste.

**Introduction :** Le matérialisme a vu un essor important dans l'Europe du XIX*ème* siècle. Il était à la mode. Le philosophe le plus important, placé entre Hegel et Marx, est sans doute Ludwig Feuerbach (1804-1872). Hegel est un représentant de l'idéalisme, Feuerbach est un représentant du matérialisme. Marx est allé étudier dans les deux écoles et a abouti au matérialisme. Quoique les *Onze Thèses* de Marx sur Feuerbach doivent au fond être vues comme antithèses, elles rendent clair que Marx est venu au matérialisme par l'étude de Feuerbach, mais qu'il ne l'a pas valorisé comme un matérialiste conséquent. Marx a prétendu d'aller jusqu'au bout du chemin que Feuerbach n'aurait parcouru qu'à moitié.
Je dois attirer l'attention sur le fait que le terme « matérialisme » ne comprend pas un système uniforme. Les écoles matérialistes sont très diversifiées et embrassent aussi bien le matérialisme vulgaire que des tendances de pleine maturité. Dans le cadre de la discussion, je présenterai aussi ici ma propre conception du matérialisme.

**Le matérialisme chez Marx :** Marx lui-même avait l'habitude de se présenter en tant qu'adversaire du matérialisme « plat » et « faux » et en tant que représentant du vrai matérialisme. En cela, Friedrich Engels le suivait. Lorsqu'on lit les œuvres de Marx-Engels, on devrait toujours garder la distance herméneutique nécessaire pour être juste envers chaque tendance. Les deux classiques aimaient la polémique cinglante. Ce ne fut pas rare qu'ils accusaient des adversaires de platitude pour se mettre eux-mêmes dans la chaire professorale. Cependant, la discussion âpre sur le matérialisme dans la deuxième moitié du dix-neuvième siècle montre combien la connaissance de Marx était répandue et représentée par différentes variantes. Marx était populaire en particulier dans des cercles socialistes et prolétariens. C'est pourquoi il est légitime de demander en quoi consistent l'innovation et l'originalité de Marx et d'Engels par rapport au matérialisme.

Ni Marx ni un autre auteur classique du matérialisme ont défini le concept central de sa théorie d'une manière satisfaisante. – Marx, lui-même, a indiqué la définition suivante du matérialisme :

> *« Ce n'est pas la conscience des hommes qui détermine leur être, mais inversement leur être social qui détermine leur conscience. »*[12]

L'affirmation « Ce n'est pas la conscience, mais l'être qui détermine la conscience », cette affirmation épargnait à l'auteur du marxisme de se faite des tracas supplémentaires. Ce théorème n'est ni relativisé ni partagé en deux parties par Marx ; il est prononcé comme un crédo. Mais du point de vue du contenu, il ne s'agit pas d'une définition, mais d'une détermination de la position. Dans cette détermination et univocité, Marx exprime, avec une précision extrême, la découverte qu'il a élevée, par la suite, à la base de sa philosophie, à la *Weltanschauung* du matérialisme par excellence. Dans la tradition marxiste, on cite ce principe comme un dogme : « L'être détermine la conscience ».
Dans la suite, je veux faire l'essai de décanter le matérialisme marxien sur l'arrière-fond de l'ensemble de ses œuvres et de le discuter selon son application dans le marxisme.
Dans un de ses premiers écrits, *L'Idéologie allemande*, Marx garde ses réserves. Il concède que la conscience change par rapport aux conditions changées de l'être. Il dit dans *L'Idéologie allemande* le suivant :

> *« Des circonstances qui, il est vrai, sont modifiées d'un côté par la nouvelle génération, mais qui, de l'autre, lui prescrivent leurs*

---

12 Karl Marx, *Zur Kritik der Politischen Ökonomie* (préface), (1859); MEW 13, 9, Berlin (tirage à part), 1971, page 15.

*propres conditions de vie et lui donnent un développement déterminé et un caractère spécial – que des circonstances font tant les hommes que les hommes les circonstances. »*[13]

Ici, on voit encore que le premier Marx était allé plus loin que le Marx tardif. Cependant, le chemin de connaissance de Marx conduit de plus en plus vers le point où Marx voit le mouvement des régularités de l'être comme déterminant la conscience.
Dans son œuvre tardive de maturité, *Le Capital*, Marx souligne exclusivement les lois de mouvement de l'accumulation du capital. Il s'ensuit selon Marx :
La cause du mouvement et du changement dans l'histoire, n'est pas dans la tête des hommes, dans sa volonté, et ses mouvements politiques et sociaux, mais dans les rapports de production et dans la production marchande.
Les conditions de l'être ne laissent pas de place ou ne laissent guère de place pour la possibilité de les contrecarrer. Marx se considère soi-même comme un produit de ces conditions, c'est pourquoi il ne peut que les constater dans son œuvre. Son espoir s'épuise dans la perspective du socialisme qui, elle, est constituée dans l'histoire de manière déterministe et qui ne naît pas dans la tête de l'homme. Ce sont les forces mobilisatrices des projets sociaux et les utopies sociales, mais les régularités de la production marchande et le mouvement du capital qui meuvent l'histoire.
Selon Marx, ni « la pensée », ni « l'esprit », ni « l'idée » ne sont la cause du mouvement de l'histoire, mais ce qui est matériel et objectif. Non pas la volonté humaine, mais le capital met en mouvement. La production marchande est la cause fondamentale (*causa prima*) pour le changement. Marx était un représentant du pur monisme.

Marx reste logique : Durant toute sa vie, il a inéluctablement suivi ce principe. On cherche en vain d'autres opinions chez Marx, qui compenseraient dialectiquement ce principe et le relativiseraient quant au contenu. Marx suit ce principe avec une logique inébranlable pendant presque quarante ans. Des thèses sur Feuerbach, en passant par *L'Idéologie allemande* et *La Critique de l'économie*

[13] Karl Marx, Friedrich Engels, *L'Idéologie allemande*, (1845-1846), MEW 3, 9-530.

*politique* jusqu'au *Capital*, Marx n'abandonne pas le principe qui veut que « l'être social détermine la conscience sociale » comme s'il s'agissait d'une devise de vie. D'autres propositions qui relativiseraient, équilibreraient ou supprimeraient ce principe, ne peuvent pas être trouvées chez Marx.
Quand Marx s'exprime en général sur des actions conscientes ou sur des performances guidées par des idées, celles-ci disparaissent derrière les ombres des « rapports de production » dominants.

**Ma critique de la conception marxienne du « matérialisme » :** Marx ne connait pas l'effet des pensées et la force mobilisatrice des idées comme acte créateur.
Je ne veux pas être victime de la mécompréhension, et je retiens : personne n'est indépendant du contexte historique de son époque. Chaque affirmation dépend de l'espace, du temps et de la situation. La véritable performance de l'homme consiste, cependant, en ce que cette dépendance doit être surmontée pour ne pas être livrée à cette dernière. En tous les temps, il était possible de s'émanciper de la domination de l'être.
Ce que je critique au fond chez Marx, c'est le fait qu'il a omis de renverser dialectiquement sa proposition. Seulement par cette complémentarité, elle serait complète.
L'être détermine la conscience.
La conscience détermine l'être.
La théorie universaliste de connaissance vise à trouver la priorité de la conscience sur l'être et de la mettre en œuvre. Ce but, Marx ne peut pas le soutenir. Selon lui, une société différente, à savoir socialiste ou communiste, devrait être présupposée afin qu'une conscience différente puisse naître.
Même le démantèlement du capitalisme ne s'ensuit pas, selon Marx, d'une conscience humaniste, davantage développée, mais d'une exacerbation, non pas subjective mais objective, de la contradiction du rapport de production.

**Prétention matérialiste – contenu idéaliste :** Cela a l'air paradoxal que de reprocher au matérialiste implacable qu'était Marx, d'être resté matérialiste de cap en pied. Son dérapage de la prétenti-

on matérialiste vers une conception idéaliste se produisit par une méthode erronée d'abstraire. La performance abstractive est une capacité de l'ensemble de l'humanité. On ne peut pas reprocher à Marx d'avoir procédé à des abstractions. Il a fait, dans le *Capital*, des abstractions qui dépassaient de loin leur but jusqu'à ce qu'il se fût perdu dans l'abstraction et qu'il se fût aliéné de la réalité. Il a ressemblé à un chercheur qui fait des expériences dans un laboratoire tout en oubliant que les processus ne se déroulent pas, dans la réalité, sous des conditions de laboratoire. Les « régularités générales » que Marx a établies, existent dans un laboratoire ou sur le bureau. La réalité de l'impérialisme rend absurde le langage des formules de Marx. C'est ce que Marx a ignoré totalement.
Vu d'une façon isolée, le *Capital* de Marx est une performance académique considérable – il n'y a pas de doute. Mais l'abstraction est un piège qui peut être extrêmement dangereux. Lorsque l'auteur suit la logique abstraite dans l'euphorie de l'écoulement des pensées, il ne voit plus la réalité. Il ne remarque tout simplement pas combien vite et à quel point il s'éloigne et s'aliène de la réalité. Le glissement de l'abstraction vers l'idéalisme se passe par une transition insensible.

**Appréciation du matérialisme marxiste :** La variante marxienne du matérialisme n'a pas assez d'effet. Elle vise le mode de production et les rapports de production en tant que base, et elle nie les autres dimensions ou les rapporte à la base. L'agir humain est exclusivement réduit à des facteurs matériels de motivation. Cette variante du matérialisme correspond à la conception que Marx a créée du monde comme une société produisant des marchandises.
Réduire l'être social à l'aspect matériel et celui-ci derechef au mode de production, cela exprime l'approche extrêmement réductionniste de Marx. Sa conception du matérialisme révèle l'unidimensionnalité de sa pensée et la mono-causalité de son analyse. La conception marxienne élimine la richesse des essences et la multiplicité des formes de l'être humain et matériel en faveur d'une perspective restreinte.

# Chapitre dixième.

## Le matérialisme du point de vue universaliste.

**Synopse**

1. Qu'est-ce que c'est que le matérialisme ?
2. Nécessité de l'universalisme,
3. Connexion totale de l'être avec l'homme,
4. L'homme du point de vue universaliste,
5. La théorie universaliste par rapport à la compréhension de la relation entre conscience et être,
6. Le but de connaissance du matérialisme universaliste – l'humanisme,
7. La révision du marxisme est nécessaire,
8. Le problème de créer une hiérarchie des priorités,
9. Le rapport à la praxis,
10. La corrélation avec la théorie de la révolution
    Antithèses à Marx.

L'universalisme représente le matérialisme selon une propre définition et une propre conception.

**Qu'est-ce que c'est que le matérialisme ?**

La matière est :

a) éternelle,
b) autonome,
c) dynamique,
d) intelligente,
e) capable d'évolution.

Commentaires :

a) *la matière est éternelle :* elle n'a ni commencement ni fin. Il n'y avait pas d'époque où il n'y a pas eu de la matière et la forme et l'apparition matérielle changent selon les ères.
b) *la matière est autonome :* elle se meut et se forme d'une manière autonome.

c) *la matière est dynamique :* elle se meut et se forme par sa propre force.

d) *la matière est intelligente :* la sensibilité de la matière correspond toujours à son stade d'évolution. Celle-ci est le moins caractérisée dans la matière inorganique et moins dans la matière végétale que dans les organismes animaux.

d) *la matière est capable d'évolution par sa propre force.*

La vie est aussi éternelle que la matière. Elle se forme selon le stade d'évolution de la matière. La vie est un *hapax.*[14] Elle pénètre toutes les formes de l'être. La sensibilité de la matière évolue en analogie avec son stade d'évolution. Elle est au niveau le plus bas dans la matière inorganique et au niveau le plus haut chez l'homme. Celui-ci dispose de la conscience. C'est aussi la raison pour laquelle il est logique d'attribuer à la conscience la priorité d'avant l'être.

**(2) Nécessité de l'universalisme :** on résout beaucoup de problèmes théoriques par la conception universaliste. La question de la temporalité est résolue en correspondance avec la spatialité. *Le temps :* il n'est pas entré en une atemporalité, car cela veut dire que l'éternité n'a été qu'un « pré-temps », qu'elle a donc été du temps. Cela vaut analogiquement pour l'espace.

« Le temps » et « l'espace » sont des modèles auxiliaires théoriques pour l'homme et dont il a besoin pour pouvoir trouver sa place et pouvoir s'orienter. Le temps naît dans la conscience de l'homme pour mesurer les processus de travail. Il existe comme moyen auxiliaire.

*L'espace :* l'espace naît par le fait qu'on objet à dimensions déterminées cherche une place : l'objet unidimensionnel occupe un point, l'objet bidimensionnel un aire et l'objet tridimensionnel un volume.

**(3) La connexion totale de l'être et du matériel :** la matière se déploie à partir d'elle-même. L'unité et la multiplicité constituent les deux côtés de l'être. Il y a une unité dans la variété des phénomènes. Tout est en connexion avec tout. L'évolution de l'être

[14] On désigne par le mot grec *hapax legómenon* un mot qui n'arrive qu'une seule fois dans le texte.

culmine dans la naissance et le déploiement de la raison humaine. L'organe matériel de la raison est le cerveau, plus exactement le cortex.

Engels écrit – dans la *Dialectique de la nature* – que la source de la conscience est le cerveau. Ceci n'est pas correct. La source de la conscience est la réalité, la réalité objective et subjective. Le cerveau n'est que l'organe de la conscience.

**(4) L'homme du point de vue du matérialisme universaliste :** L'homme dispose de formes les plus développées de la matière. Il possède la conscience spécifique qui lui est propre. Le système nerveux central, le cerveau, le cortex, et les cellules grises dans le cortex, sont les formes les plus développées de la matière. Le cortex cervical est la forme la plus développée de la matière.

**(5) La théorie universaliste sur la compréhension du rapport entre conscience et être :** L'influence humaine sur l'être n'est pas absolue, mais relative. Deux tendances se contredisent mutuellement : l'être atteint la domination sur la conscience (Marx), la conscience atteint la domination sur l'être (point de vue universaliste). Chacune des deux positions vise à renforcer tendanciellement sa position.

Les choses sont précédées par l'esprit. Le matérialisme marxien met tout sens dessus dessous. Un objet matériel avait d'abord existé en tant qu'idée dans la tête. Un plan théorique sera matérialisé. Il y a des conceptions et réalisations fautives. Les modèles réalisés sont reproduits dans la tête et seront corrigés, ensuite de nouveau mis en œuvre et cela jusqu'à ce que le modèle et la conception correspondent l'un l'autre. Cette procédure montre en même temps combien est fautive une séparation exacte de la conscience d'avec l'être. L'échange entre la conscience et l'être est durable, permanent et dynamique. Et la morale de l'histoire en est : qu'on doit toujours viser la domination de la conscience sur l'être.

*Exemples :* Un rapport de production donné ou un système de domination existant tiennent debout aussi longtemps que l'on croit que l'être détermine la conscience. Leur changement ne s'ensuit que par la tête et ensuit il sera appliqué à la société. L'idée se matérialise. La conscience devient de l'être. La libération a d'abord lieu dans la tête et ensuite dans la société.

**(6) Le but du matérialisme humaniste – l'humanisme :** l'universalisme exige au fond le principe de « l'émancipation ici et maintenant ». Chaque ajournement de la révolution est une contre-révolution. La révolution et l'émancipation sont possibles et nécessaires à tout moment. La domination de la conscience sur l'être est proclamée ici et maintenant. La domination de l'homme sur l'être et ses conditions a pour but d'imposer l'humanisme.

**(7) La révision du marxisme est nécessaire :** le marxisme s'est fixé par la question décisive de savoir si l'être détermine la conscience ou *vice versa : « L'être détermine la conscience », et cela de façon partiale.* Si Marx avait du moins compensé l'un des deux côté, on pourrait en discuter, mais tel qu'il en traite, cela n'est aucunement possible. Par sa théorie selon laquelle « l'être détermine la conscience », Marx s'est laissé séduire par l'apparence de l'être. La démarche marxienne – « L'être détermine la conscience » – doit être corrigée d'urgence. Elle induit dans l'erreur théorique et, quant à la praxis, dans une erreur fatale. La conséquence en serait que l'on doive attendre le changement de l'être afin que la conscience change. Le principe marxien est fautif parce qu'il est unilatéral. Mais il n'est pas qu'unilatéral, il est aussi hostile à la praxis. La lecture logique de ce principe signifie la passivité dans la praxis et d'attendre le changement de l'être.

Comme je l'ai expliqué dans l'introduction, j'ai qualifié intelligente la matière. Il est inconcevable qu'à un moment quelconque l'être a existé sans la conscience ou la conscience sans l'être et où la conscience correspond toujours au stade d'évolution de l'être. L'idée et la matière étaient là depuis des temps immémoriaux, c'est-à-dire qu'elles étaient éternelles et complémentaires l'une de l'autre. Jamais l'une n'a existé sans l'autre. Cependant, l'évolution de l'esprit doit aller de la même allure que la matière. Cette réciprocité de la conscience et de l'être est permanente. Ils se développent dialectiquement. L'être peut pourtant être en retard par rapport à la conscience et *vice versa*. La proposition « l'être détermine la conscience » n'est digne d'être discutée que par son inversion, à savoir par la complémentarité qui dit les deux propositions à la fois : « L'être détermine la conscience – la conscience détermine l'être ». Mais la complémentarité n'est, à elle seule, pas suffisante. On doit d'abord décider la question de la priorité.

**(8) Le problème de la priorisation :** Il y a un consensus entre Marx et Khella, à savoir que tous les deux reconnaissent la connexion de l'être avec la conscience. Il y a une divergence de vue sur la priorisation. On disputerait alors la priorité. Moi personnellement, je crois : la conscience a la priorité sur l'être. Dans les deux cas, la proposition – « l'être social détermine la conscience sociale » – doit être compensée par son inversion. La préséance de la conscience a pour conséquence que l'être, la totalité de toutes les conditions objectives, sont perçus théoriquement et pratiquement et que les possibilités de recréer l'être selon les besoins de l'homme et de l'humanisme, sont épuisées. C'est seulement par cette idée maîtresse que le matérialisme sera activé à la praxis et quittera la pure contemplation. La question concernant la priorisation de la conscience ou de l'être est de la plus haute importance. Il s'agit d'une prise de position fondamentale, tant théorique que pratique. La question de la priorisation de l'être ou de la conscience est déterminante non seulement pour la formation de la théorie mais aussi pour la praxis sociale. C'est pourquoi nous voulons résoudre ce problème de manière ferme.
Marx s'est déclare un adversaire irréconciliable de l'idéalisme et représentant conséquent du matérialisme. Par la polarisation « Marx contre Hegel », il devient tout à fait clair que les deux ont entamé une fausse piste. Ce reproche, Marx l'a dirigé contre Hegel et il a cru de le corriger en tournant l'erreur à 180 degrés. En réalité, Marx s'est tourné autour de lui-même et il se tint renversé à côté de Hegel. Selon Marx, le premier porte l'étendard de l'idéalisme, le second celui du matérialisme.

**(9) Le rapport à la praxis :** Les énoncés « l'être détermine la conscience » et « la conscience détermine l'être » s'auto-réalisent – et cela dans les deux cas respectivement. Au cas où « l'être détermine la conscience », la conscience est dé-activée parce que la conscience renonce à déterminer l'être. Marx cause, à travers des générations, des dégâts considérables par cette directive erronée et par la priorisation fautive. De manière corrigée, on doit dire : « La conscience détermine l'être ». Ceci est un défi à la conscience de reconquérir sa souveraineté primitive et de se transformer en tant que conscience qui a dépassé l'être, en action. C'est-à-dire que l'on met l'être au niveau de la conscience. Marx me répondrait : M. Khella, tu es idéaliste. M. Khella répond : je suis dialecticien, humaniste et universaliste. Marx : tu es révisionniste. M. Khella répond : je suis un correctif, même un correctif nécessaire.

**(10) La corrélation avec la théorie de la révolution – antithèses à Marx :** Les choses sont précédées par l'esprit. Ce cas n'est non seulement pensable, il s'est même réalisé dans l'histoire. Les hommes peuvent renoncer à employer la conscience. Alors, l'être se gouverne lui-même et il gouverne sur les hommes. L'évolution est abandonnée à elle-même. L'état d'être peut persévérer à volonté et attendre jusqu'à ce que la conscience intervienne, exhorte au changement et entame celui-ci.

En niant que la révolution soit pensable et réalisable à son époque, il est responsable de ce qu'elle n'avait pas eu lieu. Il canonisait et sanctionnait l'état actuel d'être. Ces conséquences sont le résultat de la proposition adialectique que Marx a élevée en loi et selon laquelle « l'être social détermine la conscience sociale ». Marx constate : l'être détermine la conscience et se voit confirmé dans la réalité. Est-ce que Marx a donc raison ? Il y a ici un exemple par excellence d'un cercle herméneutique fermé. La théorie révolutionnaire de Marx fixe avec une prétention principielle : d'abord, les conditions objectives, à savoir l'être, doivent mûrir, ensuite la révolution sociale peut se réaliser. C'est-à-dire que l'on doit attendre le temps de mûrissement. Car l'être ne détermine que lorsque la conscience renonce à déterminer l'être. La conscience détermine l'être ou elle se laisse déterminer par l'être.

Je représente le principe de la révolution ici et maintenant.

*Explication :* la révolution est une conviction qui passe par la tête. Elle commence par la pensée dans la tête ou comme une parole écrite au mur. Elle croît continuellement. L'ajournement de la révolution est une contre-révolution.

# Chapitre onzième.

## L'histoire.

**Qu'est-ce que c'est que l'histoire ?** L'histoire peut être définie comme la forme de mouvement d'une société. Pour Marx, l'histoire est la matière la plus importante après l'économie. Il avait l'intention de développer une macro-théorie de l'histoire. Il en résultait le « matérialisme historique et dialectique ». Marx n'a malheureusement pas eu de connaissances de l'histoire universelle. Il ne connaissait que partiellement l'historiographie européenne. Ce manque fonde les déficits de sa théorie historique que est restée beaucoup trop euro-centrique. Marx a défini sa propre époque comme époque « capitaliste ». A partir de là, il avait une vue rétrospective des époques antérieures comme époques précapitalistes. Il aurait été plus pertinent si Marx avait reconnu sa propre époque comme « impérialisme ». Le concept du « capitalisme » est un construct théorique. La société des propriétaires des esclaves et le féodalisme sont de même des constructs.
L'histoire n'a pas de sujet chez Marx. Elle se développe de manière autonome à la suite des changements des rapports de production.

# Chapitre douzième

## La théorie marxienne de l'histoire : « La conception matérialiste de l'histoire » (1)

**Synopse**
1. Le concept
2. La critique de la théorie marxienne de l'histoire
3. Le rapport à la praxis.

*« La conception matérialiste de l'histoire » :* Marx a créé l'expression de « la conception matérialiste de l'histoire » pour indiquer son propre chemin de la considération sur l'histoire. D'un côté, il a voulu faire valoir le principe matérialiste qu'il a généralement appliqué dans toutes ses expositions. Il est nécessaire de souligner – par rapport au contexte historique de la naissance d'une école matérialiste de l'histoire – qu'en Europe, au temps de la vie de Marx, la science de l'histoire n'était qu'en train de se former. Les grandes œuvres historiques des historiens égyptiens et arabes depuis Manetho (IVème siècle avant Christ) et ses successeurs devaient d'abord être traduites en langues européennes. Quant à Marx, il a accueilli Ibn-Khaldūn, il a été impressionné par sa théorie et sa méthode historiques et sociales, et il s'est efforcé de l'imiter.

**La critique de la théorie marxienne de l'histoire :** jusqu'au XIXème siècle, l'Europe était encore dans le stade d'accueillir les sciences qui arrivèrent du monde extra-européen, surtout de la région arabe vers le nord et l'ouest de la planète. Ce qui est typique pour l'ensemble de l'œuvre de Karl Marx mais aussi de celle de Friedrich Engels, c'est qu'elles ne renvoient pas aux sources et aux ouvrages utilisés. Seulement si les deux classiques attaquent d'autres auteurs, ceux-ci sont nommés par leurs noms. Sinon, les sources de leurs travaux ne sont indiquées ni dans une note en bas de page ni dans l'appendice, ni ailleurs. Ils suggèrent intentionnellement qu'ils présentent leurs écrits comme une invention à eux, pour ainsi dire comme une révélation.

Il est significatif non seulement pour Marx et Engels mais aussi pour d'autres auteurs européens qu'ils ont été dans une crise de théorie.
Comme d'autres auteurs, Marx considérait les mathématiques et la physique comme étant une méthode optimale et les appliquait schématiquement à la société et l'histoire. Qu'il n'y eût ici que des différences quantitatives et, surtout, qualitatives entre les analyses du type des sciences naturelles et des sciences sociales, cela ne fut apparemment pas respecté par Marx. Une différence essentielle entre la nature et la société est « le facteur subjectif ». Les tableau des cinq époques est un exemple du fait combien sont schématiques les transpositions des méthodes physiques à l'exposition de l'histoire.

Je ne veux pourtant pas exclure le principe de l'application des méthodes physiques aux sciences sociales. Mais celles-ci doivent être traitées pour les rendre applicables à un domaine qualitativement différent. Les méthodes mathématiques et celles des sciences naturelles sont en particulier un exemple par rapport à leur prétention d'être précises et exactes. Ceci est réalisé par la théorie universaliste de l'histoire – p.ex. en appliquant la théorie des ondes longues. Il n'est pas utile de transposer des régularités qui se trouvent dans les événements naturels, à l'histoire. Cela est simplement une fausse conception du déroulement des processus historiques et de leurs causes.
On peut en effet s'étonner que Marx ne fût pas conscient du fait qu'on n'applique pas schématiquement les méthodes mathématiques et physiques aux sciences sociales. On s'étonne encore davantage que plusieurs générations après Marx l'aient suivi en cela et l'aient déclaré « le théoricien de la révolution » par excellence à cause de ses travaux économiques et historiques. Mais il n'est pas étonnant que le socialisme réellement existant avec ses nombreux Etats membres fût voué, après une envolée relativement longue, au déclin. Ces Etats n'étaient pas en mesure de s'émanciper des auteurs classiques du marxisme.
Pour concevoir sa conception macro-historique, Marx a simplement imité entre autres l'histoire géologique de la Terre et l'a appliquée à l'histoire de l'humanité. Il y a dans le matérialisme histo-

rique marxien cinq époques en face des quatre époques de la géologie. Les cinq époques historiques et leur suite dans le temps sont déterminées.
Il n'est pas concevable que quelqu'un qui ne sait que peu de choses sur l'histoire universelle, puisse être proclamé le fondateur d'une théorie qui a la prétention d'appartenir au matérialisme historique. Les connaissances théoriques de Karl Marx ne furent pas suffisantes pour comprimer en une macro-théorie la richesse des nuances et la variété des formes de l'histoire mondiale. Même si nous concédons à cette théorie une perspective restreinte européenne, sa division des époques en cinq ou six époques reste extrêmement fautive. Seulement si l'on fait des larges concessions, les cinq époques ne peuvent être démontrées que régionalement et ponctuellement. Mais cela n'est pas suffisant pour empêcher la critique de Marx et d'Engels.
Par rapport au « déterminisme historique », le marxisme induit en une erreur très grande. Je répète : ce qui est devenu une réalité dans l'histoire, cela n'a pas dû se réaliser nécessairement. Chaque génération est placée devant un éventail d'alternatives de l'agir. Elle en choisit une, mais n'y fut pas contrainte. Dans chaque unité de temps et devant chaque pas, il existe des possibilités de choix. Chaque décision est capable d'élargir le degré de liberté ou de le rétrécir, mais jamais totalement. L'homme vivant est toujours devant un choix.

**Le rapport à la praxis :** la décision fait, *en théorie*, autorité. *Dans la praxis*, c'est la volonté qui est efficiente, la volonté de vouloir, la volonté d'agir et, finalement, l'agir lui-même.
Les énoncés de Karl Marx sur la conception matérialiste de l'histoire sont limités. Lui-même, il n'a pas conçu de systématique de sa théorie de l'histoire. C'est Joseph Staline qui a franchi ce pas. Dans son ouvrage « Sur le matérialisme dialectique et historique »[15] (septembre 1938), il s'efforçait de recueillir et de mettre en ordre les énoncés importants de Marx et d'Engels, et qui sont dispersés dans leurs œuvres. Ce n'est qu'après sa mort que la conception

---

[15] Joseph Staline, *Über dialektischen und historischen Materialismus* (Septembre 1938): texte complet accompagné d'un commentaire et d'une critique, in : Khella, Dialektischer und historischer Materialismus, Hamburg, 1979.

matérialiste de l'histoire a été promue au rang d'une systématique complète du matérialisme historique. Nous continuerons donc la théorie marxienne de l'histoire dans le chapitre suivant.

# Chapitre treizième

## Le matérialisme historique.

**Synopse**
1. Que signifie le mot « historique » ?
2. La conception matérialiste de l'histoire en tant que synonyme de « *Histomat* ».
3. Le fondement du matérialisme historique.

**Que signifie le mot « historique » ?** « Historique » et « geschichtlich » sont deux concepts proches l'un de l'autre, qui se distinguent néanmoins. Dans le matérialisme historique, « historique » veut dire « l'histoire par rapport à la société » à la différence de « par rapport à la nature ». « Historique » et « geschichtlich » ne sont pas identiques du point de vue sémantique, mais ces mots sont synonymes. Le mot « historique » ne doit être traduit par « geschichtlich » que lorsqu'on comprend par la « Geschichte » la forme du mouvement de la société et non l'opposition au temps présent. – La sémantique universaliste des temps présentifie le passé et anticipe révolutionnairement le futur. Elle rétablit l'unité du temps.

**La conception matérialiste de l'histoire :** Marx a lui-même désigné sa manière de considérer l'histoire comme « conception matérialiste de l'histoire ». Le concept du « matérialisme historique » a été introduit après sa mort.

**Le fondement du matérialisme historique :** Marx lui-même n'a malheureusement écrit que peu de choses sur la théorie de l'histoire dont il a été déclaré le fondateur après sa mort. Au fond, c'était Joseph Staline (1878-1953) qui a présenté une systématique et un projet obligatoire d'ensemble de la théorie par son traité « Sur le matérialisme dialectique et historique » (1938) qui fut édité comme cours dans le cadre de « l'histoire du parti communiste de l'URSS ». Staline y attribua aux auteurs classiques Karl Marx, Friedrich Engels et V.I. Lénine, la paternité de la théorie du matérialisme dialectique et historique. En même temps, Staline fonda l'expression « marxisme-léninisme » qui devait valoir comme synonyme au « matérialisme dialectique et historique ».

La paternité prend un autre aspect si nous cherchons les exemples pour la théorie du matérialisme dialectique et historique dans l'ensemble de l'œuvre de Marx et d'Engels. Les explications directes aux sujets de « matérialisme », de « dialectique », de « matérialisme dialectique », et de « matérialisme historique » sont limitées. Dans sa seconde partie de vie, Marx s'est pour l'essentiel occupé de la théorie économique. Sa contribution au « matérialisme dialectique et historique » reste restreinte tant absolument que relativement par rapport à l'ensemble de son œuvre, mais elle est néanmoins importante.

D'un côté, une fondation élémentaire et systématique de la théorie fait défaut. En général, il s'agit de digressions dans le cadre d'une explication d'autres sujets. Sans perdre le fil conducteur, Marx dévie du sujet propre de l'exposition, et approfondit des questions théoriques et méthodiques. C'est à partir de ces digressions qui sont pour la plupart brèves, que je déduis son système philosophique pour remplacer la monographie qui fait défaut.

De l'autre côté, il y a manque chez Marx d'une application concrète de sa théorie à l'analyse des époques historiques particulières où il supposait que la recherche empirique de l'histoire devait falsifier ou vérifier ses énoncés.

Les traités de la théorie universaliste de l'histoire prouvent en effet par rapport à l'analyse concrète des époques historiques que la conception marxienne de l'histoire est basée sur des « constructs ». – Friedrich Engels confirme expressément que le vrai fondateur de la théorie qui ne fut désignée comme marxisme respectivement comme matérialisme dialectique et historique que plus tard, n'est pas Engels lui-même, mais Karl Marx. Ainsi s'exprime un trait de loyauté, d'humilité et de probité intellectuelle de la part d'Engels.

# Chapitre quatorzième.

## Les forces productives.

**Synopse :**
1. Sur le concept des « forces productives » chez Marx.
2. La révolution sociale.
3. Les forces productives sans sujet – leur progrès mécanique.

**Sur le concept des « forces productives » chez Marx :** L'expression des « forces productives » acquiert une signification importante dans le matérialisme historique. La raison en est que la totalité de l'histoire de l'humanité est exclusivement vue sous le point de vue de la contradiction entre les rapports de production et les forces productives. – Marx réunit, sous le terme des « forces productives », les « producteurs », c'est-à-dire les hommes, et les moyens de production, c'est-à-dire les outils, les instruments de travail, et les machines. Marx transpose lui-même ce schéma au capitalisme qui était le mode de production de son époque. Si on considère de plus près ce schéma, on reconnaît que Marx sépare de la société les producteurs et les insère dans la construction des usines où ils sont placés en tant que « forces de production ». Les ouvriers sont subsumés sous les installations industrielles et sont traités en conséquence. La liaison entre « les ouvriers et les machines », qui sont considérés comme deux piliers complémentaires, c'est-à-dire comme l'endroit et l'envers de la médaille de production, est un principe fondamental de la théorie marxienne. Il n'est donc pas surprenant de voir que la dyade « l'homme et la machine » est souvent employée par Marx.

**La révolution sociale :** Qu'on se garde cependant de tomber dans l'erreur concevable et malheureusement très répandue selon laquelle Marx désigne par « la révolution sociale » un processus, conçu consciemment et subjectivement et réalisé, qui mènerait au renversement social. Pour Marx, il s'agit d'une affaire purement objective. C'est pourquoi il n'est pas étonnant que Marx ne parle pas

« d'hommes actifs » ou de « salariés », mais de forces productives, c'est-à-dire d' « hommes et machines ».

La révolution sociale et, par conséquent, le changement d'une époque historique à la prochaine époque s'accompliraient, selon Marx, par l'escalade de la contradiction objective entre les forces productives et les rapports de production.

Les producteurs (les hommes) apparaissent chez Marx comme une masse passive. La révolution sociale n'est pas une action consciente et conçue d'avance, mais un événement purement objectif, p.ex. lors de la transition de l'esclavage au féodalisme ou du féodalisme au capitalisme.

Des instruments nouveaux, un nouveau statut des hommes qui travaillent, et un nouveau rapport de production sont créés par la révolution sociale. Les rapports de production sont :

- Dans la société des propriétaires d'esclaves : les propriétaires et les esclaves
- Dans le féodalisme : les seigneurs féodaux et les serfs
- Dans le capitalisme : les capitalistes et les salariés/les prolétares.

**Les rapports de production sans sujet – leur progrès mécanique :** La caractéristique décisive et commune des rapports de production humains et instrumentaux, est, selon Marx, le fait que les deux rapports de production sont sans sujet. Leur progrès en correspond. Le progrès du prolétaire par rapport au serf est analogue à celui des instruments de travail de l'agriculture féodale à la production mécanique du capitalisme. Les producteurs humains évoluent, en parallèle, par la modernisation des machines. Tout comme la poule et l'œuf, les deux sont enchaînés l'un à l'autre.

La force productive qu'est l'ouvrier salarié, représente un progrès par rapport au serf qui, lui, représente un progrès en comparaison d'avec l'esclave. Cette montée des statuts correspond au progrès des instruments de travail. Mais pour Marx, le salarié, le serf, et l'esclave sont tous des « forces de production » ; en même temps, Marx parle toujours de la composante humaine de manière irrespectueuse.

Les esclaves se trouvent, chez Marx, le plus près des moyens de production. Le thème des esclaves et leur libération furent, au temps de Marx, très actuels. On ne peut malheureusement distinguer la pensée de Marx par le fait qu'il se serait engagé pour la libération des esclaves. Ce n'est qu'après leur libération par des sacrifices payés par le sang, que Marx a été obligé de changer sa position.[16]

Lorsque Marx naquit en 1818, les esclaves de l'Amérique centrale s'étaient déjà libérés. Ce sont eux qui proclamèrent déjà en 1804 la première république de l'époque moderne. Je fais consciemment abstraction du changement de régime de la France en 1789, car c'était justement la « Révolution française » qui essaya de noyer la révolte des esclaves dans le sang par les moyens les plus brutaux. A Haïti, il s'agissait d'une vraie libération pour laquelle beaucoup de martyrs noirs perdirent leur vie dans la résistance. D'autres systèmes républicains de l'humanité suivirent l'exemple d'Haïti.
Marx avait du mal d'apprécier à sa juste valeur le processus exemplaire d'émancipation de l'île d'Haïti (cf. Marx, *Le dix-huitième brumaire*). De la même manière, Marx avait du mal de se solidariser avec la libération des esclaves aux Etats-Unis. Il croyait que le statut des esclaves était nécessaire pour que le capitalisme puisse se développer.
Marx renforce son point de vue fondamental en laissant tomber la notion des « hommes » puisqu'elle est, selon la théorie des classes, une abstraction sans importance. Ici aussi, on doit se garder de l'erreur selon laquelle Marx a voulu accentuer le caractère des classes de l'homme. Derrière son énoncé se trouve l'essai de former une conception élitiste de l'homme intellectuel, conception qu'il veut mettre en relief par rapport aux forces de production. Dans l'ensemble de l'œuvre de Marx, on cherche vainement des exemples qui montreraient la suppression de la discrimination des classes, de l'oppression du sexe féminin ou du racisme.

[16] Voir quant aux esclaves contemporains de Marx : MEW 27, 458.

# Chapitre quinzième.

## Le tableau des six époques.

Pilier porteur du matérialisme historique est la division de l'histoire humaine en cinq époques. Je vais montrer tout de suite la raison pour laquelle il est plus juste de parler de six époques :

1. Communisme primitif.
2. Société des propriétaires d'esclaves.
3. Féodalisme.
4. Capitalisme.
5. Socialisme.
6. Communisme.

**1. Communisme primitif :** Les théoriciens du matérialisme historique se sont présentés la première société de l'humanité comme une formation sans classes et sans propriété privée des moyens de production. – La théorie universaliste de l'histoire désigne les premières formes de la vie humaine dans des communautés plus grandes comme « société primitive ». En effet, celle-ci était dépourvue de domination par classes. Il n'y porte pas atteinte qu'il y eut de la différenciation sociale.
La littérature historico-matérialiste décrit – semblablement à la littérature bourgeoise – le communisme primitif comme une formation primitive sans rapports de production caractérisés par la division en classes et sans le développement d'une structure sociale remarquable et d'un niveau de culture digne d'intérêt.
Par contre, la théorie universaliste de l'histoire constate que la société primitive a été d'une évolution supérieure. Les découvertes et inventions les plus importantes et même les révolutions de l'histoire humaine auxquelles nous devons notre civilisation actuelle, proviennent de la société primitive. Je nomme en particulier : la révolution langagière, la révolution agraire, la révolution urbaine, la découverte du temps, les premières peintures rupestres et murales ainsi que les premiers essais d'écriture et pétroglyphes.

La révolution agraire avait pour conséquence la sédentarité et, ainsi, l'accumulation de culture. La société primitive était une culture pacifique où des conventions et accords pour éviter des conflits et résoudre ders litige par des moyens pacifiques, avaient été en vigueur. Des tensions pouvaient être réglées par des pourparlers.
Engels désigne la transition du communisme primitif à la première société de classes – qui est, d'après le marxisme, la société des propriétaires d'esclaves – comme une « progression dans la régression ». On devrait s'attendre à ce qu'Engels l'appelle une « catastrophe », du moins un accident de parcours, un accident majeur de l'histoire de l'humanité, puisqu'il s'agit de la transition de la liberté du communisme primitif à l'exploitation de la société des propriétaires d'esclaves. Mais Engels voit dans le développement des moyens de production le progrès décisif, développement qui a prétendument commencé par la société de classes.

**2. La société des propriétaires d'esclaves :** le matérialisme historique et, nommément, Friedrich Engels partent du fait que le progrès (technique) avait été lié à l'arrivée de la société de classes. Il en parle donc comme d'une « progression dans la régression ». Ma critique la plus importante de cette conception est le fait historique que la « société de classes » n'était aucunement universelle. Il s'y agissait d'un phénomène ponctuel qui s'était développé à Athènes et à Rome. La majeure partie de l'humanité a, d'emblée, mis au ban l'asservissement.
Qu'il soit averti que la caractérisation comme « société d'esclaves » au sens du matérialisme historique, part du fait qu'un mode de production ne peut être désigné comme une « société de propriétaires d'esclaves » que lorsque la production est aux mains des esclaves. Pour pouvoir parler de « société de propriétaires d'esclaves », il n'est pas suffisant qu'il y ait de l'asservissement isolé p.ex. dans des palais ou dans le traitement des prisonniers de guerres. La théorie universaliste de l'histoire met donc en garde de désigner toute une époque de l'histoire de l'humanité comme une société de propriétaires d'esclaves.

**3. Le féodalisme :** la troisième forme de la société humaine est la deuxième société de classes qui, elle, est désigné comme « féodalisme » par le matérialisme historique. Ici régnerait le rapport de production du seigneur féodal et des serfs.g

Par rapport à cette conception, je constate que le féodalisme n'a pas été non plus un phénomène universel ; il était plutôt lié à l'Europe. Dans le reste de la planète régnèrent d'autres rapports de propriété du sol et de la terre. Le sol y était de la propriété publique. De plus, il y avait des formes de propriétés collectives. En Egypte, dans le monde arabe et dans le domaine que Marx appelle le soi-disant mode de production asiatique, le sol agraire ne pouvait pas être acquis par la main privée. Les fondements d'existence des hommes ne devaient, en principe, pas être appropriés par la propriété privée qui entrainerait la conséquence d'asservir d'autres hommes. Ce principe vaut, en première ligne, pour les ressources d'eau, le sol et la terre, les routes, et des plaines naturelles, telles que les lacs, les montagnes et les forêts.

**4. Le capitalisme :** Nous venons d'expliquer que la « société des propriétaires d'esclaves » et le « féodalisme » sont des constructs exemplaires du matérialisme historique. Et si la réalité historique ne correspond pas à la théorie, tant pis – pour la réalité.

On s'étonnera de lire dans mon texte que le capitalisme est, lui aussi, un construct. On pourrait objecter : nous vivons tous dans le capitalisme, car Marx l'a décrit dans *Le Capital* avec précision. Il est correct de dire que Marx a déduit l'une de l'autre les formules pour expliquer les « régularités de l'accumulation du capital ». *Le Capital* de Marx se déroule sous des conditions de laboratoire. Marx n'a pas vu le monde devant sa propre porte d'entrée de maison.

Marx a vécu et travaillé au milieu du militarisme et de l'impérialisme. L'Europe menait des guerres, faisait des agressions, des génocides, et des spoliations. Le butin fut porté vers l'Europe et reparti. Cet état de choses ne peut pas être représenté en des équations mathématiques qui sont correctes.

Marx a vécu et travaillé dans une époque de luttes les plus âpres contre le capitalisme. Il légitima ce construct en ajournant la révolution socialiste jusqu'au temps où le capitalisme serait pleinement

épanoui. Ainsi il a justifié l'oppression et l'exploitation parce que celles-ci auraient été une nécessité historique. Marx a ainsi tiré dans le dos de la résistance quotidienne et des combattants anticapitalistes.
A l'époque de Marx, le développement pouvait poursuivre beaucoup de possibilités ouvertes et beaucoup de croisées de chemin. Il n'était aucunement certain que l'humanité dût suivre le chemin capitaliste. Le chemin que Marx nous a proposé, à savoir que le capitalisme est historiquement nécessaire, a contribué beaucoup à ce que le capitalisme devint d'un construct une réalité. La contribution marxienne fut un coup atavique dur contre le mouvement ouvrier et le processus révolutionnaire.

**5. Le socialisme :** le matérialisme historique parle traditionnellement d'un « tableau en cinq époques ». Sans que je veuille me présenter comme un représentant du matérialisme historique, je dois corriger, ici, le numérotage. Le chiffre « cinq » résulte du fait que le « socialisme » et le « communisme » ont été conçus comme une seule société (numérotée par le 5) où le communisme naît du socialisme.
Je déclare là-contre que les différences entre le socialisme et le communisme sont qualitativement si grandes que l'on doit voir en eux deux sociétés différentes. – Le socialisme naît, selon la conception marxienne, du capitalisme et garde, pendant longtemps, les formes capitalistes d'organisation : le salaire, la formation et la création de la plus-value, et autres choses de ce genre. Le rapport de production peut être désigné comme capitalisme d'Etat.

**6. Le communisme :** le socialisme se distingue du communisme surtout par le fait que le premier est encore une société de classes. Le communisme est une société sans classes. Selon la conception marxienne, le socialisme est la dernière société de classes. L'Etat disparaît en même temps que la dissolution définitive des rapports de classes. Lénine parle de « perspective de mort de l'Etat ».

**Sur l'appréciation et le jugement du tableau en cinq respectivement six époques :** Les problèmes soulevés par une conception tellement schématique de l'histoire, sont trop extrême pour les laisser sans contradiction. Le schème en six époques détruit la richesse en nuances et la multiplicité de l'histoire humaine. Le déterminisme historique divise l'histoire en une suite définie et délimitée d'époques qui peuvent être comptées par les doigts d'une seule main. Le chiffre de « cinq » correspond à un besoin de clarté et qui renonce à la complexité et la multiplicité des processus historiques et qui épargne donc de se rompre la tête. Un tel schématisme présuppose de plus qu'il y a p.ex. le « féodalisme » en tant que mode de production plus ou moins homogène et universel. Par conséquent, des systèmes complètement différents tels que p.ex. le califat et le féodalisme européen, doivent être assimilés et du moins être vus en tant que deux variantes d'une formation sociale identique.

En fait, le matérialisme historique a enlevé aux chercheurs, adeptes de ce système, la flexibilité. Ils étaient obligés d'interpréter les événements dans le sens d'une détermination des époques avancée par le déterminisme historique. Il ne leur restait que la tâche de l'attribution à l'une des époques. Le sophisme le plus important du matérialisme historique est donc le *déterminisme historique.*

# Chapitre seizième.

## Le déterminisme historique.

Le déterminisme historique est le cas exemplaire de téléologie historique, c'est-à-dire de la finalité, de la détermination par des fin, et du fait que l'ensemble du processus historique est adopté dans un but précis. On ne peut le comparer qu'avec l'histoire sacrée. Dans les deux conceptions, l'histoire est dirigée vers une fin. Une des caractéristiques essentielles de la téléologie est la supposition selon laquelle l'ensemble du processus historique est déterminé, final et poursuit un but final. L'évolution s'achemine vers un point final, fixé d'avance. Les époques et leurs résultats s'acheminent vers cette fin prévue.

Le principe de la « téléologie » a été appliqué par Marx, mais non inventé. La conception chrétienne du temps est téléologique. Toute l'histoire s'achemine vers la parousie et se termine par l'établissement définitif de la domination absolue de Dieu sur l'ensemble de l'être. Le processus historique est conçu et interprété comme histoire sacrée. Le grand père d'Eglise, L'Algérien Saint Augustin (354-430), reconnu par l'ensemble des chrétiens, a développé la théologie du but fixé d'avance, de l'histoire dans une systématique impressionnante qui est devenu un repère pour la philosophie chrétienne.

La téléologie caractérise, en général, la conception, de l'histoire, des religions. De même, des *Weltanschauungen* et systèmes philosophiques différents regardent l'évolution historique sous le point de vue téléologique. Le processus historique ne se déroulerait, selon eux, pas selon la volonté humaine, mais selon un but prédestiné qui est inhérent à l'histoire. L'histoire ne se déploierait pas selon des décisions humaines et comme résultat d'actions librement choisies, mais selon une fin qui est indépendante de la causalité. Le but de l'histoire serait caché dans sa fermeture. Le dynamisme inhérent à l'histoire, s'achemine ver le but comme un train de voyageurs et qui roule vers sa destination. Des écoles philosophiques ont repris cette conception. Parmi elles se trouvent le marxisme et la philo-

sophie d'Engels. Marx et Engels y suivirent leur idole Hegel. G. W. F. Hegel (1770-1830) soutint le principe de la « fermeture de l'histoire » avec la conséquence de la « fin de l'histoire ».
La version marxienne de la téléologie est tout-à-fiat séculaire. Mais cela n'est pas une raison pour le fait qu'il se distinguerait au fond de la téléologie théologique selon laquelle l'histoire est finale et liée au but : un fil rouge se trace secrètement du communisme primitif au communisme final en passant par la société des propriétaires d'esclaves, le féodalisme et le capitalisme. Les époques se meuvent en raison de l'histoire et s'acheminent inéluctablement vers le but final. Le but final historique est inhérent à l'histoire.

**Non seulement la base, mais aussi la superstructure sont, selon Marx, soumises au déterminisme historique :** le déclin du capitalisme est, p. ex., prédéterminé. Il doit céder le pas au communisme. Non seulement le rapport de production capitaliste y est déterminé, mais aussi ses rapports politique, idéologique, juridique, etc. La structure de détermination est donc complexe et embrasse la base et la superstructure. Leur déclin ne sera pas synchrone de sort que la base et la superstructure divergent pendant la phase de transition. En dernière instance, c'est la base, c'est-à-dire le rapport de production, qui restera déterminante de façon définitive. Le socialisme créerait sa propre superstructure.
Le déterminisme historique est non seulement dangereux pour la théorie, mais aussi pour ses conséquences pratiques. Le marxisme sous-estime l'importance de la rectification du cours. Il nie que l'histoire est anthropogène. Il favorise l'abstinence dans la pratique. Le marxisme s'est introduit, par le déterminisme historique, dans une spéculation dangereuse et y a surpassé tout idéalisme. Le déterminisme est un piège mortel pour tous ceux qui y croient. Marx et Engels furent même des extrémistes téléologiques. Le parcours de l'histoire jusqu'à nos jours, ne serait pas une possibilité, mais une nécessité. Selon eux, il aurait été inéluctable, l'histoire n'aurait pas pu se développer autrement. L'avenir également est donc prescrit et fixé.

C'est par ironie que les marxistes désignent le concept du déterminisme historique comme « socialisme scientifique ». L'acumen de l'ironie provient de Marx et Engels eux-mêmes. Engels a composé une monographie à part sur la transition du capitalisme au socialisme : « La transition du socialisme de l'utopie à la science ». C'est de cet écrit que provient le terme de « socialisme scientifique ». Cette conception de la force des choses devrait être aussi la source du méta-niveau du point de départ de Marx pour passer la majeure partie de sa vie avec la création du *Capital*. L'ouvrage copieux qu'est *Le Capital*, devrait prouver que le « socialisme » doit venir après le capitalisme. Le communisme y naitra forcément. Ainsi, l'histoire aurait atteint son but final. Marx et Engels n'étaient pas d'avis que leur concept de l'histoire soit une possibilité, mais la force des choses. Cela sont des cas de nouveaux mythes qui n'ont rien à envier aux anciens mythes. Le « déterminisme historique » fut, en 1928, déclaré la doctrine officielle d'Etat de l'URSS.

# Chapitre dix-septième.

## Les principes du matérialisme historique.

**Synopse :**

1. La base économique comme facteur historique déterminant de l'être humain.
2. « Mode de production » et « rapport de production » sont les deux éléments fondamentaux de la base économique de l'être.
3. La contradiction fondamentale.
4. « Révolution sociale ».
5. Suite déterminée des époques historiques.
6. Téléologie et finalité.
7. « Le déterminisme historique ».
8. Six époques de l'histoire de l'humanité.
9. Justification et logique de la suite.
10. Nécessité du capitalisme.
11. Société sans classes et perspective de mort de l'Etat.
12. Base et superstructure.
13. « Primat de l'économie devant la politique ».
14. La culture.
15. Le rapport à la praxis.

Pour que notre synopse soit claire, je numérote les contenus particuliers de la théorie du « matérialisme historique et dialectique ».

1. **La base économique comme facteur historique déterminant de l'être humain :** Dans la préface à la « Critique de l'économie politique » (1859), Marx établit la découverte selon laquelle l'être économique est la base historique. Son mouvement détermine l'homme. L'antagonisme inhérent à l'être matériel, possède un dynamisme autonome qui doit être compris comme la force motrice de l'histoire. La conscience sociale se développe à travers la dépendance du déploiement des contradictions de l'être, c'est-à-dire des rapports de production.

2. *« Mode de production » et « rapport de production » sont les deux éléments fondamentaux de la base économique de l'être :* Le mode de production et le rapport de production lui appartenant forment le fondement économique de la société et la formation sociale qui leur correspond. Celle-ci est basée sur le mode de production, qui lui correspond, avec le rapport de production et qui lui correspond. Le mode de production et le rapport de production forment la « base matérielle » ou la « base économique » de l'être humain, organisé socialement.
3. **Contradiction fondamentale :** le rapport de production se présente comme opposition entre les producteurs – les esclaves, les serfs, les paysans, les ouvriers – et les propriétaires des moyens de production. Cet antagonisme se développe au cours de l'histoire, s'intensifie et s'aggrave à tel point que le rapport de production ne peut plus être maintenu. La *révolution sociale* arrive.
4. *« Révolution sociale » :* la révolution sociale mène au point que l'ensemble de la formation sociale avec son rapport de production et son mode de production est détruit et remplacé par une autre société qui, elle, présente un stade d'évolution supérieur. Les protagonistes de la révolution sociale sont, naturellement, non pas les exploiteurs, mais la classe opprimée, exploitée.
5. **Suite déterminée des époques historiques :** chaque formation sociale couve la formation suivante. La suite de ces formations sociales n'est pas arbitraire, accidentelle ou choisie librement par des hommes, mais elle obéit à des lois, à une force contraignante, à une détermination. – Ce qui est arrivé dans l'histoire, a dû être arrivé. Les générations n'avaient pas la possibilité de choisir un chemin qu'elles auraient emprunté librement. Il y a plutôt une des lois qui régissent le déroulement historique.
6. **Téléologie et finalité :** la téléologie et la finalité du développement historique est une base constitutive de la pensée historique de Marx. – Tout aussi bien est fixé le but ultime de l'histoire. – Le matérialisme historique est donc strictement final et téléologique.

7. *« Le déterminisme historique » :* la suite des époques historiques est contraignante. Sa nécessité et son inéluctabilité sont désignées comme *déterminisme historique.* Signification et fondement du déterminisme historique : chaque société en particulier, sa succession particulière et sa suite en série ne sont pas facultatives, mais obligatoires, puisqu'elles sont prédestinées. Chacune des formations sociales est « nécessaire », c'est-à-dire qu'elle a dû se réaliser. Chacune de ces sociétés n'a pas été une possibilité, mais une nécessité. *Les époques historiques et leur succession sont indépendantes de la volonté humaine.* Elles se développent indépendamment.
8. **Six époques :** (J'ai corrigé dénombrement de « cinq » par « six ».) – Selon le matérialisme historique, l'histoire humaine consiste en cinq (c'est-à-dire : six) époques. Celles-ci sont : le communisme primitif, l'esclavage, le féodalisme, le capitalisme, le socialisme, et le communisme. Ce sont, au fond, six époques puisque le socialisme et le communisme se distinguent profondément. – Le socialisme réellement existant dans l'histoire de 1917 à 1989 a, strictement, maintenu ces principes, même la supposition qui veut que le stade socialiste de l'Etat ouvrier doit mener au communisme. Dans la réalité historique, il y eut contre toute expectative une rechute du socialisme au capitalisme – hélas ! – Les six époques sont des stades historiques. Elles se suivent l'une l'autre selon une régularité d'airain à cause d'un auto-dynamise qui est inhérent à chacune des époques. Le communisme primitif et le communisme final mis à part, il s'y agit de sociétés de classes. Chacune des sociétés de classes se ruine par ses propres contradictions. Le stade prochain naît du sein de la société précédente.
9. **Justification et logique de la suite :** comme la « révolution sociale » a son point de départ dans la classe opprimée et exploitée, elle devrait apporter un avantage à cette classe. Les esclaves de la société des propriétaires des esclaves deviennent des serfs. Les serfs du féodalisme deviennent des ouvriers salariés. Les ouvriers salariés du capitalisme deviennent des ouvriers libres du socialisme. L'Etat ouvrier devient la société sans classes du communisme.

10. **Nécessité du capitalisme :** Il n'est que conséquent que Marx soutient la thèse de la « nécessité du capitalisme » s'il suit cette logique du développement. – Pour Marx, le capitalisme est inéluctable. Fidèle à sa propre logique, Marx soutint l'inéluctabilité du socialisme et le caractère obligatoire du développement vers le socialisme. Marx a vu dans le capitalisme un bien puisque celui-ci forme la transition (nécessaire) au socialisme. – C'est une erreur répandue que de croire que Marx a été un « anticapitaliste ». Marx n'a pas pu être anticapitaliste sans trahir sa propre théorie. Il fut fermement convaincu que le capitalisme doit prendre son plein essor puisque seul ainsi se forment les conditions de l'arrivée du socialisme et du communisme. – Marx est allé aussi loin que de combattre des mouvements anticapitalistes et salariaux puisque ceux-ci empêcheraient le plein essor du capitalisme. Ceci est le sujet de son livre *Salaire, prix et profit*. Marx y fut sans ambages. C'est dans ce sens que l'ensemble de ses écrits économiques est dirigé. – En réalité, on doit violenter, par l'herméneutique, l'œuvre marxienne pour l'interpréter comme un appel à la lutte anticapitaliste. – Le Marx tardif devait se défendre contre le reproche selon lequel il tirait dans le dos du prolétariat et qu'il sabotait leurs luttes pour le salaire juste. Marx disait qu'il n'y avait pas de salaire juste. Quant à la question de l'organisation du prolétariat, il devait dire pour faire une concession qu'il n'était pas opposé à la formation des syndicats.
11. **Société sans classes et perspective de mort de l'Etat :** l'Etat ouvrier du socialisme est la dernière société des classes. La société sans classes naît de son sein. Comme le communisme est une société sans classes, il n'a pas besoin de l'Etat. La transition du socialisme au communisme s'ensuit, selon Marx, sans une force centrale étatique ou autre force. – L'Etat devient superflu et meurt, c'est-à-dire qu'il ne sera pas cassé.
12. **Base et superstructure :** Marx a divisé tous les phénomènes sociaux en deux catégories, à savoir la base et la superstructure. Un phénomène quelconque est ou bien base, ou bien superstructure. Ces deux catégories définissent également la relation des phénomènes entre eux. Selon Marx, la base est pri-

maire, la superstructure est secondaire. La base est « le fondement économique de la société », la superstructure est le reste. – Cet économisme est non seulement présent chez les deux auteurs classiques, mais aussi chez tous les adeptes. Ce schématisme privait les auteurs qui se réclamaient du marxisme, de la flexibilité qui est nécessaire pour ouvrir la multiplicité des relations entre les faits. – Chaque mode de production représente un rapport propre de production et une formation propre de société. Le rapport de production forme la contradiction basale de l'époque. Cette contradiction détermine les conditions matérielles de la société et aussi sa superstructure politique, idéologique, et culturelle ainsi que le développement de celle-ci.

13. *« Primat de l'économie devant la politique » :* le matérialisme historique repose sur le principe du « primat de l'économie » devant la politique, c'est-à-dire que ce ne sont pas les décisions politiques, les valeurs, et les orientations éthiques qui déterminent la vie sociale, mais bien l'économie avec ses contraintes et régularités nomiques. – La cause primaire et dernière du mouvement est la contradiction basale du rapport de production. – Les hommes n'ont pas de possibilité de choisir librement leur organisation sociale et la *Gestalt* de leur vie sociale ; car « l'économie domine la politique ». – Le marxisme concède à la superstructure une certaine autonomie et une flexibilité limitée. Mais la superstructure ne doit pas rompre les lois de l'économique et s'éloigner, davantage et à long terme, de la base. La base et la superstructure ne peuvent, en principe, pas diverger.
14. **La culture :** le marxisme a éliminé la richesse de peuples par rapport aux cultures, aux traditions et aux valeurs parce que celles-ci seraient la superstructure des sociétés des classes ou un aspect du caractère rétrograde.
15. **Le rapport à la praxis :** l'économisme et le mécanisme mènent à la passivité à l'encontre des contraintes du développement objectivement nécessaire. Une attitude attentiste résulte du déterminisme historique. La lutte contre des développements objectivement nécessaires ne serait, selon Marx, que no-

cive car elle retarderait le déploiement du capitalisme qui devra être parcouru pour aboutir au socialisme. Des attitudes ont été présentées par les marxistes qui vont jusqu'à croyance dans la fatalité du sort. – Mais Marx va encore plus loin. A partir de son point de vue fondamental, il dénonce l'étique et la morale parce que celles-ci seraient une intervention dans la régularité nomique du processus de production. On ne doit pas intervenir avec l'argument éthique qui dit que « c'est moral », parce qu'un tel argument ne correspond pas à base économique. On ne devait rien faire si seulement cela représente « une valeur morale ». Seulement les lois propres de la production marchande ont de la validité.

**Sources primaires :**

- Karl Marx, Kritik der Hegelschen Dialektik und Philosophie überhaupt (Critique de la dialectique hégélienne et de la philosphie en général), 1840, in : MEW, Ergänzungsband 1, pp. 568-588. Ce premier écrit a été édité seulement après la mort de Marx.
- Les énoncés les plus importants de Marx sur la fondation du matérialisme historique est la préface à Sur la critique de l'économie politique, in : MEW 13.
- Friedrich Engels se réfère dans ses travaux à son compagnon de vie et de convictions qu'a été Karl Marx. Engels a écrit sur la thématique du « matérialisme historique et dialectique » : Ludwig Feuerbach et l'issue de la philosophie classique allemande, Stuttgart 1866 (MEW 21) ; et Friedrich Engels, Le développement du socialisme de l'utopie à la science, MEW.

Pour des lectrices et lecteurs qui veulent savoir davantage sur « le matérialisme historique et dialectique », je me permets de signaler mon ouvrage, Karam Khella, *Matérialisme historique et dialectique*, Theorie und Praxis Verlag, Hamburg 1979.

# Chapitre dix-huitième.

## L'épicrise.

## Valorisation, appréciation, et évaluation du matérialisme historique de Marx.

**Synopse :**
1. Pensées essentielles du matérialisme historique de Marx.
2. Sur l'ontologie et l'anthropologie marxiennes

1. Les Pensées essentielles du matérialisme historique de Marx peuvent être résumées comme suit :
   1.1. L'histoire se développe de manière autonome. – Elle se développe d'en bas vers le haut.
   1.2. Le but final de l'histoire est le socialisme et le communisme. Ainsi, Marx s'est pleinement approprié le principe de la téléologie.
   1.3. Les transitions d'une formation sociale à l'autre sont désignées comme « révolutions sociales ». Ainsi, Marx considère que les ruptures sont caractéristiques pour le déroulement de l'histoire ; il n'y a pas de continuité. Si jamais il y a de continuité, celle-ci est rudimentaire et complètement subordonnée.
   1.4. Le but final de l'histoire s'approche de plus en plus avec chaque transition.
   1.5. Comme le marxisme considère l'histoire comme un processus de la société des propriétaires d'esclaves vers le capitalisme en passant par le féodalisme, il présente chacune de ces époques comme une époque moins exploiteuse, moins oppressive, moins brutale par rapport à l'époque précédente. Le féodalisme est réhabilité par l'ancienne société des propriétaires d'esclaves.
   1.6. Le résultat décisif de la conception marxienne de l'histoire est la pleine réhabilitation du capitalisme dont le système d'exploitation est mis, par Marx, dans l'ombre des cru-

autés plus grandes du féodalisme et de l'esclavage. Un exemple typique en est la section sur la « législation de sang ».[17]

1.7. Quand Marx et Engels relatent l'histoire extra-européenne, c'est uniquement pour magnifier l'histoire européenne et réhabiliter, en particulier, le capitalisme. – Marx et Engels reproduisent ainsi le patron euro-centrique : à savoir réduire le rôle des peuples du monde pour laisser briller l'Europe dans une position supérieure.

1.8. Le « capitalisme », plus correctement le « colonialisme » et l' « impérialisme », a dépassé toutes les sociétés précapitalistes en ce qui concerne l'exploitation et l'oppression, contrairement à que dit Marx – certes, non pas en Europe mais à l'échelle mondiale.

1.9. « *La bourgeoisie est révolutionnaire* ». Cette thèse est devenue le pivot de l'analyse marxienne. Le capitalisme est le mode de production le plus avancé de toutes les sociétés précédentes. L'exploitation décroit en direction du capitalisme. Le capitalisme est considéré comme l'acumen de l'histoire précédente de la civilisation, et cela non seulement sous l'aspect selon lequel le capitalisme exercerait moins d'exploitation, mais aussi par rapport à ses performances en tant que progrès et pas décisif vers le socialisme.

1.10. Selon Marx, le capitalisme aurait libéré les esclaves et les serfs. Ici devient clair combien ont été mauvaises les connaissances de l'histoire par Marx en ce qui concerne sa propre époque. Jamais l'exploitation n'a été si extrême que sous le capitalisme. L'impérialisme a exercé, en relation avec le capitalisme, les crimes les plus grands contre l'humanité. – Marx a l'illusion qui veut que le capitalisme (dans le sens marxien : l'Europe) a libéré les esclaves. Cela n'a peut-être qu'une validité insulaire, c'est-à-dire par rapport à l'Europe, si nous faisons abstraction de

---

[17] Karl Marx, *Le Capital*, 24ème chapitre : « la législation de sang contre les expropriés depuis la fin du XVème siècle », MEW 23, 761-773, chapitre que Marx a mis à la fin de son premier tome du *Capital*.

l'esclavage salarial et bancaire. En réalité, c'est le capitalisme, à savoir l'Europe, qui a introduit l'esclavage. Je ne veux pas dire la métaphore qui parle de « l'esclave du salaire », mais la vraie traite des Africains noirs par les blancs, traite qui a fondé la richesse de l'Europe.

1.11. Le capitalisme reste, selon Marx, l'époque la plus humaine de toutes les formations sociales précédentes si on fait abstraction de la supposition téléologique selon laquelle le communisme soit le but final de l'histoire. Marx tient beaucoup à souligner, non seulement en général, les mérites du capitalisme mais aussi de les légitimer téléologiquement. Sans capitalisme pas de socialisme et communisme. Le capitalisme est une *présupposition indispensable* du socialisme. Il y a donc une *nécessité* pour le capitalisme.

1.12. Si on la lit correctement, l'économie politique de Marx est une légitimation du capitalisme. Celui-ci doit être déployé pleinement afin que les conditions du socialisme murissent. Les capitalistes n'auraient jamais pu rêver d'un meilleur apologète. Marx a dénoncé les forces révolutionnaires qui se sont opposés à la marche triomphale du capitalisme, comme étant des « réactionnaires », et leurs actions de sabotage comme étant « bêtes », ceci concerne en particulier ceux qui attaquèrent les machines.

1.13. La thèse de « l'inéluctabilité du capitalisme » a, depuis sa première proclamation, dérouté complètement les hommes révolutionnaires. On peut reprocher à Marx qu'il a rejeté un processus progressiste de la révolution mondiale et qu'il l'a saboté théoriquement et donc pratiquement.

1.14. Marx a entrepris des efforts de théorisation pour que le colonialisme et l'impérialisme emportent le triomphe. Selon lui, le capitalisme viendrait alors s'installer dans le monde rétrograde extra-européen qui deviendrait ensuite mûr pour la révolution socialiste.

1.15. Les plus grands criminels de l'histoire sont ainsi élevés au rang de la classe révolutionnaire. La classe bourgeoise marxienne n'est pas d'autre que la force porteuse de l'impérialisme. – Et il est correct de dire que la bourgeoisie désignée par Marx comme « la classe révolutionnaire », est la classe la plus criminelle de toutes les classes exploiteuses. – Elle est pleinement responsable des affres de l'impérialisme. Celles-ci sont, cependant, les crimes les plus grands de l'histoire mondiale : hécatombe et génocide, vol et pillage, terre brûlée et destructions irréversibles. – C'est précisément cette bourgeoisie qui est révolutionnaire pour Marx.

1.16. C'est le point où se joignent le machiavellisme et le marxisme. Le cercle de la philosophie européenne se clôt. Les notions de l'humanisme européen et du marxisme révolutionnaire deviennent une farce.

2. Sur l'ontologie et anthropologie marxiennes.

**Résultat** : C'est le mérite du marxisme que d'avoir élaboré la signification de l'analyse de production. – Le défaut majeur du matérialisme marxien est la question de la faisabilité de l'histoire par l'homme, ou, ce qui est la même chose, la question du sujet de l'histoire. L'histoire n'est pas anthropogène chez Marx. Elle est désubjectivisée. Elle se meut comme conséquence des contradictions inhérentes au processus de production et du déploiement de ce dernier. La base historique est, pour Marx, le mode de production avec ses deux composantes qui sont celles des rapports de production et des forces productives. Certes, l'homme est la force productive la plus importante, mais dans la société des classes, il est objet, non sujet de l'histoire.

**Résumée** : le capitalisme est, pour Marx, historiquement prédéterminé. C'est une loi naturelle que la société des classes se fait jour par une suite déterminée d'époques jusqu'à ce que le socialisme prenne la relève du capitalisme. Le développement du mode capitaliste de production est de la même manière une nécessité naturelle que sa suppression par le socialisme.

# Chapitre dix-neuvième.

## L'anthropologie marxienne (2)

### La conception de l'homme par Karl Marx dans le contexte de son système philosophique.

**Sur l'ontologie et l'anthropologie marxiennes :** l'homme est, chez Marx, seulement un produit et non un créateur, un objet et non un sujet. D'où naît la question : qui est le créateur de l'homme ? – Marx : le créateur de l'homme sont le mode de production et les rapports de production, la base économique, l'être matériel. – Ce schéma reflète, chez Marx, une thèse de principe, un patron d'explication générale. Les phénomènes sont, selon Marx, ou bien la base, ou bien la superstructure. L'homme lui-même est un de ces phénomènes. Avec ses mains et ses pieds, il est enfoui dans la base, la tête en est la superstructure. Ce n'est donc pas l'homme qui se crée lui-même et l'être, mais les rapports de production créent l'homme.

En réalité, la production apparaît, chez Marx, littéralement comme toute puissante. Elle a la place d'une divinité classique avec ses qualités de toute puissance et d'absoluité. Le processus monotone de production domine le monde, l'histoire, l'homme, et la raison, et non l'inverse, selon Marx.

L'économie nationale et une comptabilité de l'ensemble économique peuvent contribuer à comprendre le commerce et les jeux de marché, mais elles ne contribuent pas en tant qu'ontologie et anthropologie à une théorie de la révolution.

Nous avons besoin de la science économique pour comprendre et démasquer les manipulations quotidiennes des banques et du marché. Des connaissances primaires de la doctrine économique sont utiles et pertinentes comme moyen d'agitation contre la rapacité, le renchérissement et l'inflation, mais non pour dominer la raison.

On s'étonne effectivement sur le fait que l'on prend le marxisme pour bas de l'orientation politique. Je ne peux comprendre que

l'intérêt que prend le capitalisme et l'impérialisme par rapport au marxisme.
Je ne peux que conseiller aux mouvements politiques et à tous les hommes de bonne volonté de faire confiance aux propres forces, de prendre conscience de la signification de leurs espérances, des idéaux humains et des valeurs humaines. Ceux qui sont concernés, doivent faire des projets sociaux et développer des utopies réalistes comme moyen de surmonter la domination impérialiste.

## La conception de l'homme par Karl Marx.

A chaque fois que l'on pose la question concernant la conception de l'homme chez Marx, on renvoie à la sixième thèse sur Feuerbach : « Feuerbach dissout la réalité religieuse dans l'être humain. Mais l'être humain n'est pas une chose abstraite, inhérente à chaque individu. Dans sa réalité, il est l'ensemble des rapports sociaux. »[18] On ne peut guère contester l'exactitude de leurs paroles. Marx fournit, en général, des belles formulations que l'on peut approuver, dans ses Onze Thèses sur Feuerbach. Mais la sixième thèse ne suffit pas pour réhabiliter l'anthropologie marxienne.

**Que dit, au fond, la sixième thèse ?**
L'homme est l'ensemble des rapports sociaux. J'y ajoute : La régularité même de la nature se transforme en la régularité du développement social. Les lois de la nature servent de médiateur historique. L'appropriation de la nature n'est pas indépendante de la société.

**Pour pouvoir apprécier, de manière critique, la conception marxienne de l'homme, je dois la mettre dans le contexte de l'ensemble de sa théorie.**

---

[18] Les thèses sur Feuerbach, leur texte et leur commentaire, se trouvent dans le premier tome de ma trilogie : *Marx, un mythe*, traduit de l'allemand par Jürgen Brankel, Hamburg, Theorie und Praxis Verlag, 2004, pages 45 à 64.

**La conception marxienne de l'homme est un aspect de sa conception de l'histoire. Selon Marx, l'histoire n'est pas anthropogène, mais un produit des rapports de production.**

Après tout ce que j'ai exposé sur la conception marxienne de l'histoire, je résume : l'homme n'est pas sujet, mais l'objet de l'histoire.

a) Marx soutient la thèse d'un concept de l'histoire sans sujet. L'homme est privé de la faisabilité de l'histoire. Ce n'est pas l'homme mais la production qui fait l'histoire.
b) L'histoire n'est pas anthropogène chez Marx, mais à l'inverse, l'homme est le résultat du développement de la force productive. C'est dans ce sens que Marx entend sa sixième thèse sur Feuerbach : *l'homme est, selon lui, l'ensemble des rapports sociaux.*

Les lecteurs doivent se demander ici : « Que sont les rapports sociaux ? » Marx y répond : « Les rapports sociaux » sont les rapports de production existants.

**La corrélation entre le matérialisme historique et l'anthropologie marxienne.**

**Le rapport de production ne produit pas seulement des « marchandises », mais aussi des « hommes ».**
Ce n'est pas l'homme qui change les rapports de production, mais les rapports de production changent eux-mêmes et l'homme. Commentaire : Les rapports de production se développent de façon autonome. Ils déploient la contradiction qui leur est inhérente, jusqu'à ce qu'ils s'effondrent par leur propre contradiction. Ils sont relayés par un nouveau rapport de production. Celui-ci crée de son côté les forces productives qui lui correspondent, c'est-à-dire les moyens de production et les producteurs, donc des hommes qui travaillent.

**La place de l'homme dans le système philosophie de Karl Marx.**
Marx se représentait l'homme comme un produit de ses rapports *matériels*. En fonction de cela, l'analyse de la base matérielle s'est trouvée au cœur de sa philosophie. Plus strictement, c'est l'économie nationale qui est le vrai contenu de la théorie marxienne.

# Quatrième partie.

## Chapitre vingtième.

### Le théoricien Karl Marx sur l'économie.

**Synopse :**

1. Le contexte historique.
2. Sur la méthode de Marx.
3. La théorie économique de Marx et son influence sur sa conception de l'homme, du monde, et de l'histoire.
4. Explication du mouvement de l'histoire par l'économie (1).
5. Des antithèses à la théorie économique marxienne.
6. Supplément.
7. Une erreur de système dans la théorie économique de Marx.
8. Le cercle herméneutique fermé du marxisme.

**Le contexte historique :** vers le milieu des années 1850, Marx a commencé de s'occuper de questions économiques. Nous apprenons cela par la préface à l'introduction « Sur la critique de l'économie politique » qui est datée de 1857. Marx a probablement pensé à une tâche limitée dans le temps ainsi qu'à d'autres tâches qui remontent à son activité de journaliste. Il n'a peut-être pas pensé qu'il s'y agît d'une tâche de toute une vie. Ce qui est sûr qu'il n'a pas interrompu, mais abandonné ses projets de travail en commençant ses recherches économiques. Le programme théorique annoncé par les « Thèses sur Feuerbach » (1845), ne sera pas exécuté. Les *Deutsch-französische Jahrbücher* (cahiers annuels franco-allemands, 1844) qui ont si bien commencé, ne seront pas continués. La première édition était malheureusement aussi la dernière.
Marx s'écarte de son chemin théorique et publiciste antérieur et devient économe ; au fond, c'est dommage ! Ses trois dernières décennies sont dédiées à la théorie économique. Le chemin de Marx ne va pas plus loin que celui de Smith et Ricardo. Ce qu'aurait accompli Marx dans le domaine philosophique, aurait probablement été une rénovation possible. Je suis par ma propre expérience que le

plus exaltant d'un livre ne s'y trouve pas. Qu'est-ce qui a fasciné Marx tellement par l'économie de sorte qu'il en a fait le contenu de sa vie ? Marx a probablement voulu fournir, par l'analyse de sa propre époque, à savoir du capitalisme, une preuve empirique de la justesse de ses thèses sur le mode de production et les rapports de production comme étant la force intérieure qui détermine le dynamisme et le mouvement de l'histoire.

**Sur la méthode de Marx :** l'œuvre principale de Marx consiste en l'examen des lois de mouvement de la production marchande. Marx pense, en réduction à un modèle, à une marchandise qui apparaît dans son économie politique comme « une pièce », et il poursuit le parcours de cette unité marchande.

Certes, l'espèce ne se comporte pas comme une pièce isolée et, derechef, la totalité de toutes les marchandises ne se comporte pas comme l'espèce. Sur le papier, on peut établir des formules mathématiques et les déduire les unes des autres. Cependant, les déductions ne sont valables qu'en vertu de leur dépendance des présuppositions admises par l'auteur. Marx transpose ici une représentation de la chimie où sont, hypothétiquement, définies les réactions d'une seule molécule. Il existe un chemin propre à une marchandise aussi peu que la mutation d'une molécule qui serait indépendante de l'ensemble de la masse. On peut néanmoins isoler, par la pensée, les molécules dans la mesure où il s'agit de rapports quantitatifs. Les molécules ne peuvent pas être isolées quand il s'agit de qualité. Prendre la pièce de la « marchandise » comme représentant du capitalisme est comparable au fait de prendre « l'Euro » comme représentant pour le capital financier.

Critiquer Marx est pleinement justifié par rapport à la théorie de la méthode. Dans le domaine des textiles, on peut suivre le chemin d'une marchandise du coton jusqu'au pullover tout fait. Dans ce cas, l'analyse marxienne qui commence par la matière brute pour aboutir au produit fini, pourrait être correcte : marchandise, valeur, plus-value, exploitation. Mais cela est la pièce isolée, non le capitalisme. Il n'est pas licite, dans ce cas particulier, de faire de la pièce isolée le représentant du tout.

Marx n'examine pas de rapports quantitatifs tels que le poids, la quantité, etc., mais de qualités : la transition de la forme marchande en une autre, des rapports d'échange, des marchandises contre de l'argent, la marchandise de la force de travail dans son rapport à la production marchande, etc. Ici, la marchandise ne peut pas être isolée. Le procédé théorique de la segmentation conduit à des erreurs systématiques. Tandis que la physique et la chimie sont devenues sensibles à la relation d'indétermination, les mathématiques rigides sont restées fixées à la théorie économique de Marx.
Prendre la « marchandise », c'est-à-dire l'unité de la production capitaliste, comme représentant de l'ensemble du processus en tant que marchandise totale idéale, ne fonctionne que sous des conditions de laboratoire. Sa transposition à la réalité a constitué le coup de tête dont Marx n'a jamais pris conscience. L'erreur de Marx, à savoir l'analyse du capitalisme dans des conditions de laboratoire, analyse qui est vraie sur l'écritoire, mais qui n'existe nulle part dans la réalité, s'est multipliée. Le mouvement marxiste a subi la même erreur. Je veux abandonner ici cet aspect de la dispute des méthodes. La critique de l'analyse du capitalisme par Marx ne doit, cependant, pas rester là absolument.
« La partie » d'un système économique basée sur le pillage et l'exploitation, joue encore moins un rôle.
Le système de pensée économique de Marx n'est pas en soi une invention originelle. Ses prédécesseurs sont surtout Adam Smith et David Ricardo. – La performance de Karl Marx consiste en ce qu'il a élevé la théorie économique au rang d'un théorème universelle d'explication. Tout dans le monde, l'histoire, et la société est réduit au rang de l'économie. C'est dans ce sens que Marx a formé le concept du « matérialisme ».

Le fondement de l'ouvrage *Le Capital* est, selon Marx, la formule suivante :

$$\mathbf{c + v + m = w}$$

où c est le capital constant, v est le capital variable (les hommes), m est la plus-value, w est la valeur[19].

---

[19] MEW 23 (*Le Capital*), p. 226.

Les salariés sont, pour Marx, un « v », donc du capital variable, donc du capital constitué de matériel humain. Aujourd'hui, les capitalistes s'expriment dans des termes plus nobles : « capital humain ». Les hommes sont hommes dans le sens anatomique et physiologique, dans le sens existentiel, ils sont des « accessoires aux machines ». Les salariés sont des hommes par lesquels le capitaliste procède à des investissements. Marx n'a pas vu davantage dans les hommes qui travaillent.

*« Le capitaliste met à disposition des machines, des matières premières, et des salaires. Le capitaliste offre aux hommes des places de travail par les salaires, et dispose, en conséquence, des hommes. »*

A cet endroit, je ne veux pas élégamment passer à côté du discours marxien, car il s'y agit d'une manière typique marxienne de s'exprimer et que nous retrouvons constamment quand il parle des hommes qui travaillent. C'est la raison pour laquelle je ne veux pas la laisser telle quelle, mais je veux en discuter de façon exemplaire. On ne peut pas alléguer l'excuse selon laquelle Marx ne ferait que constater les faits.
On ne pourrait rien objecter au fait que Marx nomme les facteurs des coûts en tant que tels. Par exemple, on peut désigner le salaire par la lettre « L » (de l'allemand « Löhne », c'est-à-dire « salaires », mais s'il désigne les travailleurs par « capital variable », alors ce n'est plus une question formelle mais une question anthropologique. – On le tolérerait plus facilement si Marx suivait ses prédécesseurs Smith et Ricardo – en s'écartant de son discours dialectique – et établissait une comptabilité de l'ensemble économique.
Je dois, cependant, insister sur la partialité dans une société divisée en classes. J'attends de Marx qu'il s'identifie au point de vue des hommes qui travaillent, et dont il prétend être l'avocat. Mais Marx ne le fait malheureusement pas. Il s'identifie au point de vue du capitaliste total idéel qu'il représente – soi-disant par une neutralité envers les classes. Au lieu de cela, il s'intronise sur la chair professorale. Tant pis puisque Marx révèle sa propre théorie en voyant dans le salarié non pas le révolutionnaire mais le « capital variab-

le ». En fait, Marx ne voit dans le prolétariat que la composante complémentaire aux machines. Les ouvriers sont, pour Marx, révolutionnaires dans le sens où des machines sont révolutionnées, donc remplacées par une nouvelle technologie. Aussi le discours marxien est-il logique. Ainsi notre critique ne s'adresse pas à Marx, mais aux marxistes qui l'y suivent.
Marx fait mention « des hommes et des machines » où l'homme est une grandeur d'entreprise à côté de la technique. Il n'est que logique si Marx forme, à partir de cette déduction, le concept des « forces productives ». Il embrasse les « travailleurs » (les producteurs) et les « instruments de travail » (les moyens de production) pour les souder en une grandeur homogène consistant en deux parties.
L'homme est, chez Marx, est un objet. L'homme sans sujet est un produit. Il n'est pas le faiseur de l'histoire, mais il est, lui-même, un produit des rapports de production.

**Explication du mouvement de l'histoire par l'économie :** l'approfondissement de l'économisme par Marx a déterminé fondamentalement sa vision de la société et sa théorie de l'histoire. Je résume la différence la plus importante entre le matérialisme historique de Marx et la théorie universaliste de l'histoire dans les thèses principales suivantes : l'ouvrage principal de Marx, à savoir *Le Capital* en quatre tomes, ne part pas de l'être humain concret mais d'une masse liée aux machines et qui est sans volonté, anonyme, et soumise complètement aux lois d'airain de l'économie et de la production. Marx fait largement abstraction de la vie sociale, spirituelle, et émotive de l'homme, vie qui devrait avoir sa place à l'extérieur de la production et de la reproduction qui, elles, sont réduites, chez Marx, au maintien de la vie et le ravitaillement.
C'est l'essentiel qui manque chez Marx : la subjectivité humaine.

**Antithèse à la théorie économique marxienne :**

1. L'économie impérialiste est parasitaire, les économies nationales des peuples subjugués sont productives.
2. Le « secteur principal de production » des pays impérialistes est l'industrie d'armement.

3. Leur mode économique consiste en la guerre.
4. Le capitalisme n'est pas « productif » mais « destructeur ».
Marx ne part pas des hommes mais du mode donné de production. Les hommes ne sont pas sujets, mais objets de la formation économique de chaque cas.
La théorie universaliste de l'histoire part, par principe, des hommes. Ceux-ci ne sont pas objet mais sujet de l'histoire.

**Supplément :** la mathématisation du cercle économique est d'abord impressionnante. Mais si on regarde de plus près, il s'avère qu'il s'y agit d'une fiction qui peut, à la rigueur, être simulée dans un jeu de rôles. Les déductions de Marx ont lieu sous des conditions de laboratoire qui ne se rencontrent jamais dans la réalité.
De plus, le langage de formules ne manque pas de cynisme lorsque, p.ex., il définit les travailleurs comme $C_v$.
Pour illustrer ma thèse, je mathématise la réalité impérialiste en de formules qui sont analogues à celles de Marx : lors de cet essai d'imitation naît une affirmation réelle sur les richesses européenne et des Etats-Unis, affirmation qui est exprimée par une équation mathématique. Je compose mes équations basales en analogie à celles de Marx :

$$\mathbf{R + M + S}$$

où R = vol ; M = hécatombe des peuples du sud et des Amériques par les Européens ; S = esclavage, enlèvement des Africains et traite. Je nomme R + M + S la « formule générale de l'impérialisme » qui a pour suite le mode de production, les moyens de production et la prestation de services :

$$\mathbf{K + Mi + T = R}$$

où K = guerre ; Mi = le militarisme avec son industrie destructrice ; T = transport avec son infrastructure nécessaire ; R = Richesse, etc.

**L'erreur systématique de l'économie politique marxienne :** La question est non seulement importante à cause de son côté philosophico-abstrait. Elle est, au contraire, d'une portée politique qui va loin. La marchandise n'est pas produite et calculée par pièces comme l'a imaginé Marx. En revanche, le vol massif par l'impérialisme a ici lieu. La qualité de l'impérialisme est décisive. Celui-ci détruit les producteurs dont il vole les produits. Donc, la plus-value marxienne n'est pas calculable. – Il ne s'agit pas de la « marchandise » marxienne et de son mouvement. Elle n'est pas une partie, la spoliation en masse fait l'impérialisme. – L'erreur systématique a conduit Marx au résultat central de son analyse politico-économique : l'accumulation capitaliste. Elle est une pure fiction. Donc, l'ensemble du *Capital* de Marx est futile.

**Le cercle herméneutique fermé du marxisme :** En regardant l'économie politique marxienne, les observations sont interprétées en conséquence : elles confirment le construct marxien du capitalisme.

# Chapitre vingt-et-un

## Les conséquences de l'économisme marxien par rapport au comportement social.

**Le comportement social :** Marx part du fait que le facteur matériel est décisif du comportement social. En faisant cela, Marx s'approprie pleinement la morale – au fond l'immorale – capitaliste. Cette affirmation est renforcée par la polémique irréconciliable de Marx conte des idéaux, des valeurs, la morale et des conceptions morales. – La morale, l'éthique, et les valeurs ne peuvent, selon Marx, être expliquées que par la base économique de la société. – Marx est fixé sur l'Europe et, ici, sur le capitalisme. Il ne pouvait imaginer qu'il y a dans le monde – au-delà de l'horizon européen – des formes de vie et des utopies réelles qui contredisent son absolutisme économique. – La philosophie marxienne, plus précisément son acceptation – est apte à faire aider le triomphe de l'absolutisme économique.
Le capitalisme est, selon Marx, un moteur universel. Marx l'a érigé en théorème général d'explication et qui met d'autres dimensions dans l'ombre. – Le capitalisme est un construct qui domine complètement l'imaginaire de Marx. Il s'ensuit le deuxième construct, à savoir celui de la domination mondiale du capitalisme.[20]

[20] S.v.p. notez mon analyse détaillée de l'économie politique marxienne qui contient toutes les erreurs chez Marx et qui se trouve dans l'ouvrage de Karam Khella, *La Réalité inventée, la théorie économique marxiste, critique de la Critique de l'économie politique*, Theorie und Praxis Verlag, Hamburg, 2007.

# Chapitre vingt-deux

## Marx fait erreur !

### L'analyse économique de Karl Marx est erronée. Déduction correcte de présuppositions fausses.

L'analyse économique ne résiste pas à l'examen théorique du système.

**Synopse :**

0. Introduction.
1. L'argent.
2. L'usure.
3. La contrainte économique et la contrainte extra-économique.
4. L'erreur fatale de Marx.
5. Les stratégies de survie du « capitalisme ».
6. D'autres lacunes théoriques chez Marx.
7. Le mode de production asiatique.
8. Alternatives au capitalisme ?
9. Des utopies réelles.
10. L'antithèse universaliste.

Marx a construit un système économique, pleinement mathématisé. Il a établi des formules qui sont corrects et fut ainsi convaincu que son système est harmonieux. Cette performance n'a été possible que sur son bureau, et non dans la réalité. Marx n'a pas vu que ses calculs sont corrects puisqu'il s'agit de formules de récursion. Il a été victime de son propre construct.
Les vrais problèmes étaient tout proches, littéralement devant la porte d'entrée. Cependant, il ne les a pas vus puisqu'il était obsédé par l'idée selon laquelle le capitalisme était nécessaire puisque celui-ci serait historiquement déterminé.
La discussion s'est centrée jusqu'à nos jours sur la déduction de ses équations mathématiques. Elle s'est donc placée à l'intérieur du domaine immanent. En conséquence, le système marxien a pu être

reçu à l'examen. Les examinateurs ont échoué. Car les manques ne provenaient pas des lois formelles et de leurs rapports.
Les problématiques ne peuvent être comprises que par l'examen fondamental du système et non par l'examen des déductions immanentes au système.
Dans la suite, je nomme les manques les plus importants de l'analyse marxienne.

1. **L'argent :** Il est vrai que Marx considère l'argent d'un œil critique et le désigné – à juste titre – par le mot « fétiche ». D'un autre côté, il le considère comme nécessaire pour l'époque de l'économie capitaliste. – Marx se trompe ! L'argent est un phénomène relativement jeune dans l'histoire de l'économie. Son rôle en tant que capital financier est encore plus jeune. Les formules suivantes montrent son évolution : *formule 1 :* deux fournisseurs échangent directement des valeurs d'usage :

   $$\mathbf{W_a - W_b}$$

   *Formule 2 :* Le fournisseur (a) montre de l'intérêt pour le bien d'usage du fournisseur (c). Mais ce dernier n'a pas besoin de l'offre de (a). Par un échange en passant par (b), tous les trois fournisseurs sont satisfaits :

   **Wa – Wb – Wc**
   **Wa – Wb – Wc, Wd, etc.**

   Il est probablement utile de rappeler que la civilisation égyptienne avec sa culture avancée n'a pas eu besoin d'économie monétaire pendant 5000 ans.

   *Formule 3 :* l'économie monétaire précapitaliste : l'argent sert d'intermédiaire entre deux fournisseurs qui ne se rencontrent pas directement. L'argent sert de pur moyen d'échange :

   **W – G – W**

   (où : W = la marchandise ; G = l'argent).

   *Formule 4 :* l'économie capitaliste. De l'argent imprimé d'une valeur fictive ou hypothétique est avancé aux entrepreneurs sans capital propre. A partir de la, l'argent est une composante élémentaire du capitalisme. Ainsi, l'argent qui n'est, certes, qu'un capital nominal, devient un élément de base de l'économie capitaliste :

**G – W – G**

Celui qui dispose de l'argent, peut exploiter d'autres hommes qui n'ont pas d'argent. Ceux-ci doivent vendre leur force de travail contre de l'argent.

Marx se trompe de plus dans la question qui concerne l'argent lorsqu'il croit que le « progrès » de l'époque capitaliste est lié à l'argent.

L'empire pharaonique était sur une envolée de progrès sans qu'il introduisît l'économie monétaire. C'est la raison pour laquelle l'exploitation – dans le sens capitaliste – pouvait être évitée.

Même aujourd'hui, l'argent pourrait servir de pur moyen d'échange si les conditions étaient changées. Entre autres, il fallait abolir l'usure.

Jusqu'aux débuts du vingtième siècle, la majorité de la population mondiale a utilisé l'argent principalement comme moyen d'échange. Dans beaucoup de domaine, il était en plus superflu. Il est donc tout-à-fait pensable de changer les formes d'économie qui sont tenues pour allant de soi, pour éviter des pratiques extrêmes de spoliation et d'exploitation.

2. **L'usure :** Marx la tenait pour économiquement nécessaire puisqu'elle ne peut pas être détachée du capitalisme. Le capitalisme serait, selon lui, nécessaire, donc aussi ses (prétendus) éléments.

   En réalité, l'usure est une disposition arbitraire du capital financier qui mène nécessairement à une paupérisation injustifiée et à l'enrichissement illégitime. L'usure fonde l'ensemble de l'escalade de renchérissement, inflation, spoliation des salaires, chômage, crise, et divergence entre les riches et les pauvres.

   Marx considère que le capitalisme est un progrès. Et puisqu'il y a de progrès, on doit accepter tous les maux conditionnés par le capitalisme. C'est pourquoi tous les éléments porteurs du capitalisme sont à accepter. Donc, l'usure aussi.

Cette fois-ci, Marx se trompe énormément. Il y avait des sociétés et des systèmes stables progressistes sans l'économie d'usure. On pourrait nommer le califat, l'empire arabo-islamique, les Etats muradite et muwahhidun, et beaucoup d'autres. En Andalousie, on construisit un système qui était très progressiste par rapport à la culture, à la science et aux arts, sans que l'on pratiquât l'usure ou l'appropriation de plus-value.

3. **La contrainte économique et la contrainte extra-économique :** Marx exclut du capitalisme la contrainte extra-économique. Marx attache une grande importance au constat que le capitalisme présuppose – à l'encontre de la société d'esclavage et du féodalisme – le libre jeu des forces de travail et des marchandises sur le marché. L'homme qui ne possède rien est donc contraint économiquement de vendre « librement » la seule chose qu'il possède, à savoir sa force de travail.

1. Marx se trompe en plusieurs points. Que le capital exerce une contrainte économique et acquière ainsi une affluence « volontaire » d'ouvriers, cela n'est pas une question économique mais politique. L'Etat aurait parfaitement pu régler tant la production que l'entretien de la force de travail sans qu'il y eût de l'exploitation à la suite de l'appropriation privée des moyens de production.
2. Que le capitalisme exerce bien de la contrainte extra-économique et cela dans la plus grande mesure, est démontré par le fascisme allemand (1933-1945) avec ses camps de travail. Même aux temps de Marx, il y a eu, en abondance, de la contrainte extra-économique puisque la jeunesse allemand fut recrutée pour les guerres impérialistes. C'est la raison pour laquelle l'Etat a employé, pour la production, aussi des forçats.
3. Marx lui-même a été un témoin oculaire de la contrainte extra-économique sur tous les continents où la production prend son départ, p.ex. par l'extraction des matières premières, la culture du coton, etc.
4. **L'erreur décisive de Marx :** cependant, l'erreur décisive de Marx est qu'il a envisagé le capitalisme uniquement sous

l'aspect constructif. Marx dit déjà : « *La capitalisme creuse sa propre tombe* ». Paradoxalement, Marx emploie cette phrase dans un sens constructif. Le capitalisme périrait, selon Marx, par ses propres contradictions pour dégager le chemin à un sy-

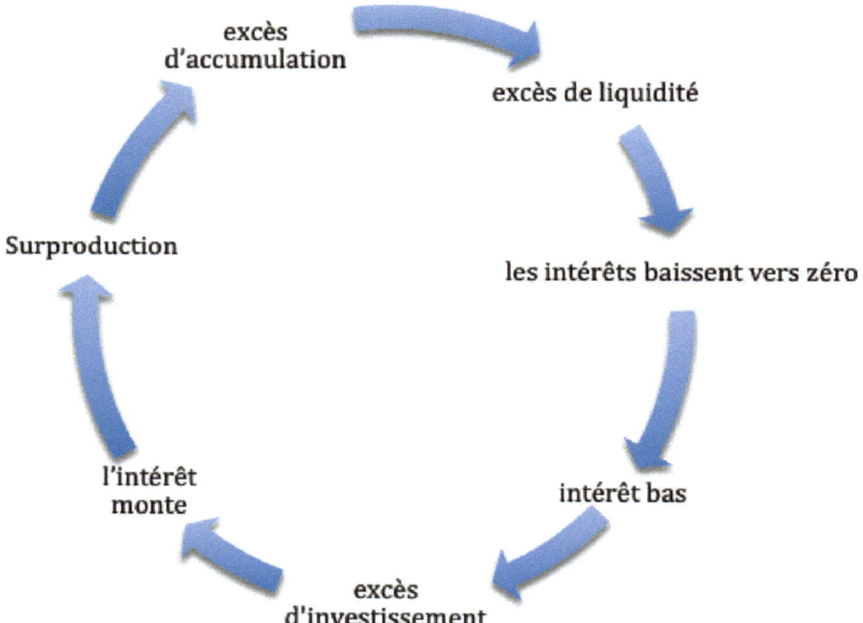


stème supérieur, le socialisme et, par suite, le communisme. Le capitalisme se rendrait superflu puisqu'il aurait terminé sa fonction de précurseur au socialisme. Le dynamisme inhérent au capitalisme, est donc constructif par principe. Le théoricien que fut Marx, n'a guère reconnu le potentiel illimité de destructivité. Ce qui manque totalement chez Marx, c'est la connexion entre capitalisme et guerre. – L'erreur littéralement décisive de Karl Marx consiste en ce qu'il n'a pas pris compte, dans son analyse, du dynamisme destructeur du capitalisme. Il a fait abstraction de la connexion entre capitalisme et guerre. Marx n'a pas suivi jusqu'au bout la logique de son propre système. L'entrelacement du capitalisme et de la guerre est conditionné par le système. La lacune théorique de la pensée marxienne marque de son empreinte l'ensemble de sa démarche et, en général, le marxisme.

5. **Stratégies de survie du capitalisme :** l'analyse marxienne du capitalisme débouche sur la montée historiquement conditionnée du socialisme et du communisme. – Marx fait abstraction de beaucoup de choses dans son analyse euphorique du capitalisme. Ce n'est qu'à cause du masquage de tout ce qui contredit sa thèse, que l'analyse marxienne du capitalisme tient debout. Celle-ci est, en définitive, récursive – purement mathématique. – Marx écrit : *Le capital creuse sa propre tombe ».* En réalité, le capitalisme en sa forme réelle d'existence – en tant qu'impérialisme et militarisme – était en train d'emporter l'ensemble de l'humanité dans le tombeau. – Mais le capitalisme a aussi développé des stratégies qui ont eu pour conséquence qu'il se survit lui-même. – Nous voyons périodiquement que des villes florissantes avec leurs habitants sont réduites en cendres et, après, reconstruites. Le double négoce de destruction et de reconstruction n'est qu'une des stratégies de survie du « capitalisme ». L'agressivité et la destructivité sont devenues la culture quotidienne. On dirait qu'il s'y agit de *Science fiction.* L'oligarchie cherche fébrilement des planètes habitables et ne fait d'épargne d'aucune dépense. Pourquoi ? Elle-même est le mieux placée pour le savoir ; car c'est elle qui rend la terre inhabitable.

6. **D'autres lacunes de théorie chez Marx :**
   *Il y a un cycle permanent de crises du capitalisme.* – Le contexte, indiqué dans l'esquisse, manque complètement chez Marx. – Selon Marx, le capitalisme est là à la suite du déterminisme historique. Par un dynamisme propre il se transforme en socialisme.
7. **Le mode de production asiatique :** l'hypothèse du capitalisme de Karl Marx se rapportait à un domaine régional, trop étroit. Par contre, le monde entier offrait une multiplicité d'alternatives et de systèmes économiques. – Lorsque Marx a vu une fois plus loin que le bout de son nez, il a vu qu'à l'échelle mondiale, les

choses n'étaient pas telles qu'il les avait crues. Il n'a pu ni ignorer ni prendre comme motif les nouvelles observations et constatations pour faire une révision de sa théorie. Il parle donc du *mode de production asiatique.* Cette expression représente une rupture de style, car Marx attache beaucoup d'importance à ce que l'objet soit catégorisé. Ici, il demeure au stade de l'identification géographique. Qu'est-ce que Marx aurait dû reconnaître ? Qu'il soit possible de mener une vie économique et de régler l'approvisionnement sans s'approprier de la plus-value d'autrui. Il n'est pas nécessaire de recourir à l'exploitation.

*Le mode de production asiatique :* Marx laisse échapper l'occasion de se corriger. Sa réaction aux observations nouvellement acquises lui devient fatale quant à la science. On peut peut-être dire : le mode de production asiatique est devenu le piège de la pensée marxienne :

1. Marx est tout d'un coup devenu illogique. N'a-t-il pas commencé par la prétention à la « catégorisation dialectique » ? Alors, pourquoi utilise-t-il une désignation géographique dans le cas asiatique ? On pourrait naturellement dire que Marx n'était pas encore en mesure de catégoriser le phénomène « asiatique ». Malheureusement, les faits sont différents : le mot « asiatique » désigne chez Marx un cas particulier de « catégorie », car l'Asie ne représente pas ici une dénomination géographique, mais historique et sociale. « Le mode de production asiatique » est, pour Marx, le prototype de la « stagnation », de la « rétrogradation » et de la « reproduction non élargie ». Mais, en réalité, ce sont là, bien entendu, précisément les prédicats de l'Asie – selon la conception du monde marxienne et, en général, euro-centrique.
2. L'expression « mode de production asiatique » trahit combien l'eurocentrisme a aveuglé les auteurs classiques du marxisme. L'asiatique n'était pas restreint à l'Inde et l'Asie centrale. Il s'agit d'un mode de production universel. C'étaient, principalement, des régions européennes qui n'en étaient pas concernées. Mais Marx fait une équation entre l'Europe et le monde ; le véritable monde est marginalisé.

3. Le « mode de production asiatique » était largement supérieur au mode de production européen. L'impérialisme européen s'y était approprié systématiquement le progrès scientifique et technique. Dans une deuxième phase, les porteurs de la qualification spécifique furent liquidés physiquement, mais seulement après avoir offert leur *know-how*. L'impérialisme aspire à être le seul qui possède le progrès technique.
4. Le « mode de production asiatique » trahit encore d'avantage sur la conception marxienne de l'histoire. Marx avoue que la formation de classes ne s'est pas imposée en Asie. On devrait penser qu'il a considéré que ce fait était positif, du moins d'un point de vue communiste. Mais il n'en est rien. Marx atteste précisément, à cause de ce manque, la « rétrogradation » et la « stagnation ».

1. **Alternatives au capitalisme ?** Marx fut tellement convaincu de l'idée de la détermination historique qu'il ne se donnait point de soucis pour la question de savoir s'il peut y avoir des alternatives au capitalisme. Il était si fermement convaincu du déterminisme du capitalisme qu'il ne croyait pas qu'il y eût des alternatives au capitalisme. – Marx ne montre, en général, pas d'intérêt pour des alternatives – ici et maintenant – au capitalisme. Il se refusa même d'y aspirer. Cette aspiration, il la condamne sévèrement. Et Marx refusa de même de réfléchir à la faisabilité d'alternatives par l'homme ou de les mettre en œuvre par la praxis. L'histoire n'obéit, selon Marx, qu'à ses propres lois.
2. **Marx comme apologète du capitalisme :** Marx se montre comme un apologète fervent du capitalisme. Cela a l'air d'être injuste et ne correspond pas à l'opinion générale, mais doit être pris à la lettre. A aucun endroit, Marx condamne les capitalistes, il les réhabilite plutôt puisqu'ils ne remplissent que leur mission. Jamais un auteur n'a tellement légitimé le capitalisme comme le fit Marx : le capitalisme est historiquement nécessaire.
3. **Des Utopies réelles :** il y a des formes de division de travail qui ne reposent pas sur la scission des classes. Le système social de l'ancienne Inde montre cinq domaines de service appelés, par les Européens, castes. Ce sont :

- **Travailleurs de tête,**
- **Production,**
- **Distribution,**
- **Prestation de services,**
- **Défense,**

En cas de besoin, il s'y ajoute des subdivisions (sous-castes).

Le système social veillait à ce qu'aucune structure hiérarchique naquît, qu'aucune caste ne fût préférée, et que la coopération fût maintenue dans l'intérêt de l'ensemble de la société.

*Travailleurs de tête* : ce qui est remarquable est la réglementation qui prévoit que les travailleur de tête n'avaient aucun droit aux pouvoirs exécutifs ou militaires. Ils étaient employés surtout dans le domaine de formation et celui de la pédagogie. En même temps, le système d'éducation attachait beaucoup d'importance à ce que les formateurs acquièrent une qualification satisfaisante et fonctionnassent comme multiplicateurs de savoir.

*Production :* elle doit couvrir les besoins et assurer l'approvisionnement de toute la population afin que personne ne subisse une situation de détresse.

*Distribution :* les produits qui assurent l'existence, doivent être accessibles à tout le monde.

*Prestations de service :* elles sont disponibles pour tout le monde de manière satisfaisante qu'il s'agisse du service de voirie, des bains, du transport, etc.

*Défense :* à la différence d'avec l'usage langagier des pays impérialistes où les ministères de guerre s'appellent ministères de défense et perpètrent des agressions, la « défense » signifiait, en Inde, littéralement « défense ». Elle doit être prise au sens littéral. En fait, l'Inde n'a jamais, pendant toute son histoire, mené une guerre d'agression.

4. **L'antithèse universaliste à la théorie marxienne :** *du point de vue de la théorie universaliste, le capitalisme est anthropogène*, et non prédestiné. En consciente opposition à Marx, je suis de l'opinion que le capitalisme peut aussi bien exister que d'être éliminé – par la volonté et l'action des hommes.

Ou bien l'impérialisme détruit l'humanité
ou bien
l'humanité détruit l'impérialisme.

# Chapitre vingt-troisième.

## La conception marxienne de l'histoire (2), Explication de l'histoire par l'économisme.

**Synopse**
- Explication du mouvement de l'histoire par l'économie politique.
- L'économie faite un principe absolu.
- Antithèses universalistes à la conception marxienne de l'histoire.
  1. L'anthropogenèse.
  2. Les autres époques de l'histoire de l'humanité.
  3. De la société des propriétaires d'esclaves au capitalisme en passant par le féodalisme.
  4. Futurologie.
  5. La perspective du socialisme.
- Évaluation de la théorie marxienne de l'histoire.

Après avoir présenté la théorie économique de Karl Marx, je veux revenir à sa conception de l'histoire pour rendre transparente, expliquer, et juger, d'un point de vue critique, l'influence de l'économisme sur sa conception de l'histoire.

**Explication du mouvement de l'histoire par l'économie politique :** la base de la pensée marxienne est l'idée selon laquelle le mode de production fonde l'histoire de l'humanité. Et plus encore, l'histoire est déterminée par le dynamisme des rapports de production qui, eux, suivent leurs propres lois de mouvement. L'évolution de la force productive prédestine tous les processus historiques. L'histoire de l'humanité en est la conséquence. L'homme n'est pas le faiseur d'histoire, mais il est, lui-même, un produit du mode de production et des rapports de production. L'histoire n'est pas anthropogène.

Marx exprime les principes de son matérialisme historique surtout dans l'avant-propos à la *Critique de l'économie politique.*[21] L'idée essentielle est la suivante :

> *« Dans la production sociale de leur existence, les hommes nouent des rapports déterminés, nécessaires, indépendants de leur volonté ; ces rapports de production correspondent à un degré donné du développement de leurs forces productives matérielles. L'ensemble de ces rapports forme la structure économique de la société, la fondation réelle sur laquelle s'élève un édifice juridique et politique, et à quoi répondent des formes déterminées de la conscience sociale. Le mode de production de la vie matérielle domine en général le développement de la vie sociale, politique et intellectuelle. Ce n'est pas la conscience des hommes qui détermine leur existence, c'est au contraire leur existence sociale qui détermine leur conscience. »*[22]

**L'économie faite un principe absolu :** il est tout à fait évident que Marx était trop pris dans la pensée unidimensionnelle. Tous les phénomènes de l'être sont ramenés à l'économie, à commencer par l'homme primitif qui était confronté au problème de l'auto-approvisionnement. Le « métabolisme avec la nature » (Marx) déterminait son mode d'existence. A partir de là jusqu'au temps présent, c'est l'économie qui dirige tout. Quand Marx avait vu d'autres dimensions, il les ramena à l'économie. Elle est la base, et si elle n'est pas la base, alors c'est sa superstructure. L'économie est le responsable basal, tout le reste est son effet. Marx se représente le monde comme étant une grande entreprise. Voire : des domaines qui se trouvent encore à l'extérieur de cette entreprise et sont indépendants de lui, seront ajouté, tôt ou tard, à la super-usine du capitalisme, ou alors ils sont superflus et doivent disparaître.[23]

---

[21] Karl Marx, *Zur Kritik der Politischen Ökonomie*, pages 1857 ss., in: *MEW*, 13. Qu'on prenne en considération les différentes parties autonomes: *Introduction* (de la *Critique de l'économie politique*), 1857 ; Avant-Propos (de la *Critique de l'économie politique*), août 1858 à janvier 1859.

[22] *MEW* 13, 8-9. *Critique de l'économie politique*, Traduction française par M. Rubel et L. Evrard, in : Karl Marx, *Œuvres I, Economie I,* NRF, Gallimard, 1963, pages 272-273, Bibliothèque de la Pléiade.

[23] Karl Marx, *Einleitung zur Kritik der Politischen Ökonomie* (1857), in: MEW 13, 616.

**Antithèses universalistes à la conception marxienne de l'histoire :** la conception marxienne de l'histoire est trop limitée et ne peut donc pas porter un jugement sur les questions anthropologiques des processus des ondes longues.
Pour caractériser la conception marxienne de l'histoire, la diagnose par la négative est convenable. Qu'est-ce qui manque chez Marx et qu'aurait-il dû savoir pour convenir à sa prétention ? Que la considération marxienne soit concrétisée par quelques stades de l'histoire humaine tels qu'ils furent établis par la théorie universaliste de l'histoire (ici p.ex. seulement quelques cas) :

1. **L'anthropogenèse :** il n'y a pas d'anthropogenèse chez Marx. L'évolution spécifique de l'homme qui a durée 4,4 millions d'années, ne joue aucun rôle pour la conception marxienne de l'homme et de l'histoire. – En tout cas, son ignorance de l'anthropogenèse a conduit à une attitude fondamentale extrêmement anhistorique de laquelle Marx ne fut pas conscient. Pour cela, l'adage marxien est symptomatique :
   *« La préhistoire de l'humanité est finie, son histoire commence. »*
   « L'anthropogenèse » est l'époque la plus importante du devenir humain. Par l'anthropogenèse, l'homme se crée lui-même. Si Marx désigne cette époque créatrice d'environ 6 millions d'années dont 4,4 millions d'années constituent l'anthropogenèse, par le terme de préhistoire, alors cette dernière expression trahit non seulement une pensée anhistorique, mais aussi une conception erronée de l'homme.
   L'anthropogenèse et l'anthroposociogenèse constituent la base de l'anthropologie. Celle-ci préserve de l'économisme où Marx a abouti en dernière instance.
   Marx considère que le développement des procédés de production est le processus qui crée l'homme. Ce n'est que par la production que l'homme atteint le but de « l'historicité ».

2. **Les autres époques de l'histoire de l'humanité :** Ce qui vaut de l'anthropogenèse est valable aussi pour les autres époques de l'histoire de l'homme. Elles existent, pour Marx, dans un dense brouillard. La situation fut, pour Marx, encore plus problématique

tique. Un chauffeur d'automobile tient compte lors du brouillard de cette circonstance. Marx ne le fit pas. Marx a cru que l'obscurité de sa mémoire était un vide réel : « Des peuples sans histoire ».
Marx a en vue Athènes et Rome et se tourne ensuite à Yorkshire et Lancashire et croit qu'il a compris l'histoire et le monde et qu'il peut les expliquer. Sa conception de l'histoire est marquée par l'idée que l'Europe du XIX^ème^ siècle procure le véritable départ de l'histoire de l'humanité.

3. **De la société des propriétaires au capitalisme en passant par le féodalisme :** les stades de l'histoire humaine construits par le matérialisme historique sont de purs constructs. L'esclavage et le féodalisme ne sont pas de phénomènes universaux. Le matérialisme historique ne s'applique au grand maximum qu'à l'histoire d'Athènes et de Rome. A partir de là, Marx accomplit un saut qui mène au féodalisme et ensuite au traitement du coton en Yorkshire.
Il se peut qu'il y eût, dans quelques villes du monde, des situations similaires auxquelles l'analyse de Marx convient. Mais l'histoire mondiale n'est pas ainsi caractérisée. Elle a poursuivi des chemins tout à fait différents : la multiplicité et l'hétérogénéité des systèmes ne peuvent pas du tout être subsumées sous les concepts de « l'esclavage », du « féodalisme », et du « capitalisme ».

4. **Futurologie :** la conception, de l'histoire, de Karl Marx a des effets aussi sur ses représentations de l'avenir (l'histoire n'est pas seulement le passé). Marx soutenait une compréhension téléologique marquée de l'histoire. Le cours de l'histoire est déterminé. Le processus historique conduit directement et en ligne droite au but prévu. Non seulement les étapes intermédiaires mais aussi l'étape finale sont prédéterminées. Il est surprenant que Marx en tant qu'antireligieux soutient une conception profondément religieuse de l'histoire. C'est de Marx que les représentants du matérialisme historique ont repris leur conception de l'histoire.

*Quant à la futurologie,* Marx ne généralise pas en partant de l'histoire universelle et de l'unité organique intérieur de l'ensemble du processus historique, mais précisément en partant d'Athènes et de Yorkshire. L'histoire à court terme se relativise considérablement si elle est vue devant l'arrière-fond de l'histoire à long terme en partant en amont de l'anthropogenèse. La vision marxienne de l'histoire fut trop fixée aux instantanés de l'histoire des deux dernières siècles, et qui ne procurent, à cause de leur laps de temps très bref, qu'une vision myope de l'histoire.

5. **La perspective du socialisme :** Engels plaide en faveur de soi et Marx dans son écrit *La transition, du socialisme, de l'utopie à la science*. Ici, Engels soutient la conception selon laquelle la considération scientifique prouve que l'histoire humaine débouche sur le socialisme et le communisme.

6. **La perspective du communisme :** la perspective selon laquelle l'histoire humaine mène en passant par le capitalisme, au socialisme, au communisme, et ensuite à la société sans classes, n'était pas pour Marx un espoir ou une utopie, mais du déterminisme historique. La téléologie et la considération finale de l'histoire, Marx la partage avec la religion et leurs confessions de foi. Il rejetait le dogmatisme ecclésiastique, mais il tombait dans un mode de pensée non moins spéculatif.
   Marx déduit historiquement du capitalisme et ses formes rigides d'organisation le socialisme et le communisme. Cela signifie que le communisme doit être rattaché à l'industrie avec ses grandes machines, à la technologie de pointe, à la destruction de la nature, et à la pollution. Le socialisme construit, selon Marx, son mode de production sur les procédés les plus abjectes de production. Selon cette idée, le socialisme n'est pas une révolution par rapport au capitalisme, l'héritier de ce dernier. C'est au capitalisme que le communisme est, en général, redevable sa propre genèse. Il n'y aurait ni socialisme ni communisme sans le capitalisme. La société sans classes et une société basée sur

une sympathie égalitaire ne seraient pas, selon Marx, des formes librement choisies, mais un héritage nécessaire du capitalisme. On pourrait objecter : cette option reste possible malgré l'histoire qui précède. Il doit donc y avoir un paradis sur les ruines. Est-ce que cela serait possible ? Si Marx y consentait et disait « Oui, le communisme commencera tout à fait par le début et construira un mode de production qui lui est véritablement propre, et une nouvelle forme de société », alors cela contredirait l'ensemble de sa théorie sur la nécessité du capitalisme et sur le déterminisme historique.

**Résumé :** pour l'édification et l'établissement d'une nouvelle société, il n'y aurait rien de mieux et de plus urgent que la rupture immédiate d'avec le capitalisme, et un recommencement à fond.
Si nous regardons de près, nous sommes obligés de constater que Marx n'a disposé que d'une conception très étroite de l'histoire. Ce fait n'a pas pu rester sans influencer sa conception du monde, de la société, et de l'homme, et, en général, son système philosophique.
Selon leur propre conviction, Marx et Engels ont voulu causer une révolution de la pensée historique. Ils réclamèrent une position progressive, car l'évolution a, selon leur vision de l'histoire, son comble dans le socialisme et la société sans classes. La perspective de l'avenir devait justifier cette prétention, et non l'agir humain. Ils ont pronostiqué, sur la base de leur conception matérialiste, au fond mécaniste de l'histoire, le socialisme.
Cette façon de voir les choses entraîne nécessairement un effet négatif. Marx et Engels ont coupé la pointe du combat politique par le fait de rendre passive la volonté de l'agir politique, car ce combat vit de l'appel à l'acte et non de la confiance dans une régularité objective du développement capitaliste. Cette confiance cause une attitude d'expectative.
Si Marx et Engels soutiennent, d'un côté, que le socialisme, le communisme, et la société sans classes sont meilleurs que la société de classes et qu'ils soutiennent, de l'autre, dans l'application de leur théorie que le capitalisme doit, d'abord, se déployer **pleinement**, alors ils sont – malgré leur prétention – « conservateurs » et non « révolutionnaires », *« réactionnaires »* et non progressifs.

**Quant à l'appréciation de la vision marxienne de l'histoire :** la caractéristique inébranlable de l'histoire est chez Marx la conviction que l'histoire n'est pas anthropogène. Elle n'est pas faite par l'homme. L'histoire se développe en raison de son dynamisme propre, nommément comme suite des rapports de production et du relais automatique d'une époque par la suivante. Chaque mode de production couve le mode suivant.
De ce qui précède se déduit le point suivant : le philosophe de l'histoire qu'était Karl Marx, était, au plus haut point, *anhistorique*. Marx désigne lui-même l'histoire qui a été, la « préhistoire » de l'humanité (*Pariser Manuskripte*). Toutefois la préhistoire comprend à peu près 4,5 à 6 millions d'années d'anthropogenèse. Marx en était lui-même un produit.
Ce qui est surtout important, c'est la constatation que l'histoire de l'humanité était relativement saine tant qu'elle n'était pas sous la prédominance européenne. L'histoire de l'humanité n'était détruite que par la victoire des impérialismes européenne et US, donc il y a peu de temps. Celles-ci ne déterminaient qu'une minute si l'histoire de l'humanité durait un jour. Marx serait révolutionnaire et capable d'autocritique s'il s'était posé la question de savoir comment la déviation de l'histoire peut être ramenée à un état sain.

**Evaluation de la théorie marxienne de l'histoire :** la vision téléologique de l'histoire par Marx est tout à fait spéculative. Elle représente un chemin fixé et prédéterminé de l'histoire des hommes. Ainsi, Marx reprend la conception religieuse, théologique d'Augustin. Augustin représente l'histoire de l'humanité comme histoire sacrée. Le marxisme voit le salut dans le socialisme et le communisme. Marx et Engels désignent, par ironie, cette perspective purement spéculative comme transition, du socialisme, de l'utopie à la science.
La question n'est donc pas de savoir comment l'histoire sera si elle est vue rétrospectivement à partir d'une vision téléologique du monde, mais comment nous devons organiser le monde, comment nous devons faire l'histoire, et quel chemin nous devons choisir le chemin de l'avenir ?

# Cinquième partie.

# Chapitre vingt-quatrième.

## La société.
## La doctrine marxienne de la société et des classes.

D'un côté, Marx décompose la structure de la « *société* » en deux éléments : la base et la superstructure.
De l'autre, Marx envisage la société strictement en fonction des classes. Il n'y a pas d'hommes qui seraient indifférents par rapports aux classes, mais les classes qui sont impitoyablement opposées.
Une proposition clef de l'anthropologie et doctrine sociale marxiennes est l'idée de « l'homme dans le métabolisme avec la nature ».
Marx en déduit sa doctrine du travail et sa conception de la société.
La vie sociale n'est que *processus de production* et la *superstructure* qui en résulte.

*« La base »* : on entend par la base le mode de production. Elle est le fondement économique de la société.
*« La superstructure »* : elle est formée par tous les phénomènes de la société qui ne sont pas économiques. Ceux-ci naissent de la base économique et s'y rapportent. La superstructure est au service du processus de production ; mais elle ne produit pas elle-même.
De la superstructure sociale font partie entre autres la politique, l'idéologie, les parties politiques, la culture, l'art, la science, la religion, et, non en dernier lieu, l'Etat qui dispose de la suprématie.
L'Etat organise, contrôle, règle, et se soucie de la protection de la propriété privée et du fonctionnement de la production.

***Le rapport de la base à la superstructure :*** la superstructure s'érige sur la base et s'y rapporte. Si la base change, la superstructure doit changer. La superstructure et la base ne peuvent diverger que conditionnellement, de manière limitée, transitoire et passagère. Friedrich Engels dit dans son livre *Dialectique de la nature* : la superstructure n'a pas d'histoire. Par là, il veut dire qu'elle n'a pas

d'autre histoire que celle de la base. Elle naît du mode de production. Celui-ci seul connaît une histoire.
Cependant, on doit concéder que l'expérience historique montre que des institutions de la superstructure peuvent se stabiliser et continuer à se développer, même si elles sont devenues anachroniques. Le meilleur exemple en est l'Eglise. En plus, le développement de la base ne peut jamais rester sans effets sur la superstructure. Je nomme comme exemple la famille.
*La structure de la famille* : dans le premier stade de l'histoire, la production se faisait dans le cadre de la grande famille. La division du travail – p.ex. dans l'agriculture – conditionnait la cohésion de la grande famille. De l'agriculture au commerce en passant par le transport au près et au loin, toutes les unités de la tribu dépendaient l'une de l'autre. Avec la grande industrie et la prolétarisation des paysans se ruinait la structure de la grande famille. Des entreprises et le secteur des prestations de service n'offrirent du travail qu'aux individus. Le salaire individuel était un coup porté à l'encontre de la grande famille. La famille restreinte devint la règle.

***La société selon Marx :*** la société est selon Marx une entreprise économique surdimensionnée, une usine globale composée d'établissements isolés avec leur part de reproduction. En conséquence, chaque homme est, chez Marx, défini dans sa totalité selon sa position dans le processus de production.

**Le caractère spécifique des classes de la société et de l'Etat :** dans la formation qui produit des marchandises, la société est scindée. Elle consiste dans les deux classes de base, à savoir les propriétaires des moyens de production et les producteurs. La classe dominante fournit l'Etat.

# Chapitre vingt-cinquième.

## L'analyse des classes marxienne (1).

**Synopse :**
1. Introduction.
2. Le prolétariat – la classe ouvrière.
3. La création de plus-value.
4. La bourgeoisie.
5. Qui est la bourgeoisie ?
6. L'alliance nationale refoule l'opposition des classes.
7. Les conséquences de l'analyse des classes marxienne.
8. Les erreurs graves de l'analyse des classes marxienne.
9. L'antithèse universaliste à l'analyse des classes marxienne.

Marx a mis les fondements de ce type d'analyse des classes, qui identifie deux classes fondamentales dont est composée la société. Dans le capitalisme, ce sont la *bourgeoisie* et le *prolétariat*. Entre eux, il y a la couche moyenne. Seules les deux classes fondamentales sont décisives pour le processus historique, car elles forment les deux parties d'un rapport donné de production. Ainsi, elles déterminent toutes les deux la marche du processus historique.
Dans le capitalisme, c'est la bourgeoisie qui fournit le pouvoir économique et politique. Elle représente l'Etat. Celui-ci incarne le capitaliste global. Il domine la société qui est conçue comme entreprise globale idéelle. En bas travaillent les machines et les ouvriers. Ceux-ci vivent pour entretenir les machines.

**Le prolétariat – la classe ouvrière :** l'expression du « prolétaire » provient du mot latin « proletarius ». Dans l'empire romain, elle désignait les hommes de la classe la plus inférieure qui, selon la conception romaine, étaient placés à l'extérieur de la société avec ses cinq classes reconnues officiellement. Un « proletarius » ne fut reconnu comme citoyen que s'il payait des impôts. Le terme du « proletarius » était employé de manière dédaigneuse et était péjoratif.

La raison pour laquelle Marx a appelé la classe ouvrière par le terme du « prolétariat », n'est pas claire. Le terme était déjà anachronique à son époque. Le terme a acquis de l'actualité par l'analyse des classes marxienne.

Ce n'est que dans la deuxième moitié du vingtième siècle que le concept du « prolétariat » a obtenu une interprétation positive par une conscience croissante. J'ai pu nommer une de mes démarches théoriques « Proletarisch orientierte Wissenschaft » [Science orientée par le prolétariat]. L'acception positive du terme du « prolétariat » est restée vivante.

Dans l'usage politique, le terme du prolétariat est synonyme de classe ouvrière. Cependant, je constate par ma propre expérience que les ouvriers d'usines et de l'industrie se désignent rarement eux-mêmes par prolétaires. Ils préfèrent généralement comme autodénomination le terme de « travailleurs ». Le mot de « prolétaires » est une désignation qui a été choisie par les groupuscules communistes et qui a été choisie sans méchanceté et a eu une connotation positive. La gauche utilise encore le terme du prolétariat dans le discours politique.

Dans les années 1980 a commencé la disparition lente du terme du « prolétariat » dans l'usage vivante du langage. On ne le rencontre seulement dans des écrits plus anciens.

Dans l'usage marxien, le terme du « prolétariat » désigne les producteurs dans le capitalisme. Le prolétariat est la force productive dans le capitalisme et où l'expression marxienne de « forces productives » ne désigne pas seulement les producteurs, les hommes, mais aussi les machines. Une caractéristique commune des « producteurs ($C_v$) » et des « machines ($C_c$) » est, selon Marx, l'idée que les producteurs et les machines sont dépourvus de sujet. Les deux produisent la plus-value.

**La création de plus-value :** Marx définit objectivement le travailleur, non subjectivement. Il déduit de la création de plus-value le statut du « travailleur ». C'est la raison pour laquelle le *travail* est, chez Marx, le travail physique, non le travail intellectuel, la « performance intellectuelle » ou « l'activité créatrice ». Marx définit

donc le prolétariat industriel comme les producteurs du capitalisme. Le prolétariat est identique avec « la classe ouvrière ».
Dans la formule fondamentale de Marx, les producteurs apparaissent comme $C_v$ (capital variable). Les travailleurs sont, chez Marx, un facteur de production dans l'entreprise globale capitaliste idéelle, entreprise qui est identique à la société même. Les travailleurs et les machines sont, d'après Marx, complémentaires. Les deux font partie de l'entreprise, les machines durablement, les travailleurs sont échangeables.
La vie du travailleur est divisée en deux parties : la production pendant le roulement (à l'époque de Marx, le roulement durait 12 heures) et la reproduction, c'est-à-dire le plus souvent le repos nocturne, mais les pauses pendant le travail en font aussi partie. A part cela, les ouvriers et les machines se joignent.
Marx a attribué au prolétariat un rôle révolutionnaire lors de la transition du capitalisme au socialisme. Le prolétariat accomplit un développement qui va d'une classe en soi à une classe pour soi.
On pourrait penser que Marx reconnaît le prolétariat comme un facteur subjectif. Une compréhension plus profonde dans la déduction marxienne montre cependant qu'il part de la croyance selon laquelle le capitalisme se détruit lui-même par l'exacerbation de sa propre contradiction. Ce ne sont pas les travailleurs qui enterrent le capitalisme, mais « le capitalisme creuse sa propre tombe ».
La présupposition pour l'accomplissement de la mission historique du prolétariat est le mûrissement du développement objectif des rapports de production.
Marx ne part pas du fait – comme on le croit généralement – que le prolétariat se change en sujet historique, reconnaît sa mission historique, s'organise, et planifie et accomplit la révolution contre le capitalisme. Ce sont ces idées que le marxisme vulgaire attribue faussement à Marx. Selon lui, Marx aurait expliqué que le prolétariat reconnaîtra sa mission historique, fera valoir sa vocation, s'organisera, établira la stratégie nécessaire, les programmes, le travail d'information et de persuasion, l'éclaircissement politique et la propagande par la langue parlée et écrite, acquerra des alliés, se révoltera et conquerra le pouvoir d'Etat.

Marx n'a vue que purement objectif le processus de la transition du capitalisme au socialisme. Même si Marx aurait alors vu la classe ouvrière comme sujet révolutionnaire, cela s'explique – selon son système théorique – par le mécanisme inhérent à la production.
Devant cet arrière-fond, on doit regarder, de manière critique, le concept marxien de classe. Lors de l'analyse de l'ensemble de l'œuvre de Karl Marx, il est possible de déterminer un résumé effrayant. Les moments théoriques se condensent selon lesquels Marx n'a pas vu les travailleurs comme sujet historique, mais comme guidés mécaniquement par un mécanisme de production : les ouvriers sont, comme dans la cité des abeilles, une masse anonyme dans leur classe.
Chaque ouvrier vaque à sa fonction. Il produit pendant 12 heures et se reproduit en 12 heures – pour la production. Il a, selon Marx, besoin de ses vivres qui déterminent, d'après les formules marxiennes, le montant de son salaire.
Le salaire doit être justement suffisant pour maintenir le travailleur – en tant que classe – en vie. Marx emploie des expressions langagières qui sont aptes à renforcer l'analogie entre le « travailleur » et la « machine ». Les marxistes excusent Marx en disant qu'il ne fait que constater ( ! ) la situation de fait des travailleurs. Cette excuse est honteuse.
Il n'est pas fait préjudice à ce résumé sommaire que Marx concède, dans l'avenir, au prolétariat un rôle actif. Jusqu'au renversement du processus capitaliste en celui du socialisme, le prolétariat reste, chez Marx, sans sujet et, comme il écrit, « une classe en soi ». La bourgeoise possède jusqu'alors le monopole de décision.

**La bourgeoisie :** *Sur le concept de la bourgeoisie :* tout comme le terme du capitalisme, celui de la « bourgeoisie » – en tant que désignation de classe – est un construct marxien. Déjà à son époque, il s'est agi d'une expression euphémique qui, en tout cas, ne caractérise pas de situation définie de classe. Marx emploie le concept de « bourgeoisie » comme synonyme des « capitalistes », donc deux expressions pour un seul construct.
C'est dans ce contexte que Marx créa le terme de l'adjectif « bourgeois » (allemand : bürgerlich), p.ex. dans « science bourgeoise »,

« économie bourgeoise », et « économes bourgeois ». Si on renverse ces expressions, elles servent de facteur de rehaussement de l'image marxienne. Au même instant, il reprocha à d'autres auteurs d'être bourgeois, et se présenta comme une alternative. Lui-même serait l'antithèse à la science bourgeoise, ce que je ne peux pas, d'un point de vue critique, considérer comme légitimé.

**Qui est la bourgeoisie ?** Ou qu'est-ce qui est la classe que Marx a ainsi dénommée ? Sous le noble nom de « bourgeoisie » se cache la classe ensanglantée des impérialistes. C'étaient les trafiquants d'hommes, les chasseurs d'esclaves, et les voleurs coloniaux qui se sont mis sous la douche, se nettoyaient à fond après l'accomplissement de leur travail et après leur retour en Europe, se mirent des cols longs, des vestes blanches, et se présentèrent sans pudeur et avec élégance comme « bourgeoisie » dans les salons.

**L'alliance nationale refoule l'opposition des classes :** il est nécessaire de faire une révision complète de l'analyse marxienne des classes. Les deux classes – objectivement antagonistes – se sont mis d'accord sur un consensus national. Les deux formes l'armée où les ouvriers et les paysans servent de fantassins. La bourgeoisie fournit les officiers et les généraux. En rangs, les armées impérialistes marchèrent contre le sud pour subjuguer les trois continents non européens. Les immenses gains dont la majeure partie était constituée par la traite d'esclaves, furent partagés parmi les deux classes qui formèrent les armées.

Que « l'industrie capitaliste » décrite avec tant de précision dans le *Capital*, ne fût rien d'autre que la production d'armes d'agression, cela n'a pas été vu par Marx, ou il n'a pas voulu le voir. Pour lui, ce qui comptait était le cuir et le coton – ainsi le *Capital.*

Le capitalisme tel que Marx le décrit, était un système élégant de redistribution. Les immenses gains provinrent de richesses immenses qui avaient été crées en Afrique, en Asie, et aux Amériques et capturées par les Européens.

La formule fondamentale de Marx se construit sur le processus de production de plus-value et de création de plus-value, et que Marx a vu à l'intérieur d'un système clos. Il ne s'est pas aperçu que ses

observations et calculs ne concernent que la pointe d'une pyramide de production tandis que la véritable pyramide se trouve tout à fait à l'extérieur de ses conceptions. Mais si on tient compte des véritables créateurs de la richesse en Afrique, en Asie et en Amérique centrale et du Sud, on saura que la plus-value marxienne ne peut pas être calculée car les producteurs du Sud sont physiquement liquidés. Ils obtiennent ni un $C_v$ ni un salaire de misère. Ils sont exploités et ruinés.
L'hypothèse marxienne est impressionnante lors d'une compréhension irréfléchie, mais elle ne peut pas être vérifiée. Les véritables producteurs n'ont pas figuré sur la liste de salaire.
En ce qui concerne les classes, on doit les voir dans le cadre d'une société impérialiste, de fond en comble militarisée.

**Les conséquences de l'analyse marxienne des classes :** comme il est resté fidèle à sa propre théorie, Marx déduit de sa première erreur d'autres erreurs consécutives. Il s'y agit d'erreurs systémiques, c'est-à-dire qu'elles ne naissent pas d'un faux calcul ou par mégarde, mais d'une erreur de théorie et qui se produit toujours lorsque la démarche est erronée.

**Erreurs capitales de l'analyse marxienne des classes – première erreur grave :** la bourgeoise est, pour Marx, une classe révolutionnaire. Ce que Marx désigne par « bourgeoisie », n'est rien d'autre que les porteurs personnels de l'impérialisme. Nous devons faire une révision de Marx : *la bourgeoisie marxienne ou les capitalistes sont la classe impérialiste*. Celle-ci n'est ni capable de faire une révolution, ni hostile à une révolution. Elle s'efforce toujours d'éliminer les germes révolutionnaires. Elle liquidera, au besoin, physiquement les mouvements de masse ce qui s'est produit malheureusement si souvent aux derniers siècles.
Marx, Engels, et Lénine ont admiré prétendument la Révolution française qu'ils ont étiquetée comme « révolution bourgeoise en France ». Si on considère l'histoire de cette façon, on doit naturellement faire un mythe de l'histoire réelle. Les catastrophes que la dite « révolution bourgeoise » en France en 1789 a porté dans tous les continents du monde et qui sont désignées par le nom des campa-

gnes napoléoniennes, devaient être rebaptisées lors de la formation des légendes. Ce qui est vrai, c'est que la « Révolution française » a ouvert le chapitre le plus cruel de l'impérialisme. Elle intensifia, dans le monde entier, l'exploitation, le vol, et le génocide.

Marx ne fut pas neutre quant aux classes. Il était tout à fait partial par rapport à sa « bourgeoisie ». Marx et Engels soulignent l'importance historique de la bourgeoisie en tant que sujet révolutionnaire de l'époque. Ils dirigent sans ambages un message – rhétorique à l'adresse de la « bourgeoisie », par le contenu à l'adresse de l'ensemble du public national – où ils somment de subjuguer le monde entier sous « la direction révolutionnaire de la bourgeoisie ». Toutes les classes sont exhortées à accepter et appuyer la direction de la « bourgeoisie ».

Sur le rôle révolutionnaire de la bourgeoisie dans l'histoire, Marx et Engels écrivent :

> *« Continuez hardiment le combat, vous, les seigneurs bienveillants du capital ! Nous avons d'abord besoin de vous, nous avons même ici et là besoin de votre domination. Vous devez éliminer pour nous les restes du Moyen-Age et de la monarchie absolue, vous devez détruire le patriarcatisme, vous devez centraliser, vous devez changer toutes les classes qui ne possèdent plus ou moins rien, en véritables prolétariens, en recrues pour nous, vous devez nous fournir, par vos usines et relations commerciales, la base des moyens matériels dont a besoin le prolétariat pour sa libération.*[24] *»*

Il est clair ce que Engels veut dire par « patriarcatisme ». Dans l'ensemble du contexte des écrits d'Engels, il s'agit de l'appel de conquérir les régions du sud pas encore occupées. Ce but d'agression est mis en œuvre en 1885 de la manière la plus large et la plus brutale.

**Deuxième erreur grave de l'analyse marxienne des classes – pourquoi la bourgeoisie est-elle révolutionnaire d'après le point de vue marxien ?** Marx avance comme raison de la mission révo-

---

[24] Friedrich Engels: *Die Bewegungen von 1847 (Les Mouvements de 1847)*, in: MEW, tome 4, page 502 s., édité et paru à Berlin/DDR (République démocratique allemande), 1969.

lutionnaire de la bourgeoisie le fait qu'elle combat le féodalisme et impose le capitalisme. Ainsi, les serfs sont prolétarisés. La condition de la révolution prolétarienne et du socialisme est créé.
Marx est tenté pour justifier sa théorie, d'établir une série de constructs. Ceux-ci confirment la théorie, mais ne le sont pas par l'histoire. Certes, il y a eu des seigneurs féodaux et des serfs. On peut, certes, en construire une époque du « féodalisme » sans nier la réalité historique. Le fait que Marx et le socialisme réel considèrent que le féodalisme est une époque universelle, est une erreur. Le féodalisme avait une certaine diffusion régionale en Europe, dans le reste du monde existait, par contre, une multiplicité de systèmes qui ne peuvent, en aucun cas, être subsumés sous le concept du féodalisme.

**Troisième conclusion erronée – la classe des travailleurs est révolutionnaire :** d'abord retenons que l'homme dispose du libre arbitre. Dans les questions du renversement social, les hommes peuvent se décider pour la révolution ou pour la contrerévolution. Il va de soi que l'intérêt d'un chacun y joue un rôle. Cependant, l'important est la conscience.
Marx a attribué au prolétariat un rôle révolutionnaire. Certes, c'est bel et bien si c'était le cas. En vertu de cette thèse, Marx a acquis la renommé d'être « le théoricien de la révolution du prolétariat. » Est-ce que cet honneur est justifié ? Ou est-ce que cet honneur repose sur un malentendu ?
La transition du capitalisme au socialisme suit, selon Marx, une nécessité contraignante. Le capitalisme se ruine par sa propre contradiction (entre les producteurs, à savoir les ouvriers, et le rapport capitaliste de production). Le capitalisme couve le socialisme. Les forces productives *doivent* suivre cette transition. Elles n'ont pas de choix. Le rôle des travailleurs y est objectif, non subjectif. Marx n'a pas soutenu l'opinion que la classe ouvrière planifie consciemment une révolution et qu'elle s'organise pour la mettre en œuvre. Cette conception ne confère pas d'honneur aux ouvriers.
Marx a pensé d'ailleurs au prolétariat européen, à savoir les prolétariats anglais et allemand, qui exporterait ensuite la révolution dans le monde entier.

Historiquement considéré, il reste indécis si les ouvriers se décident individuellement ou en tant que classe pour la révolution. En ce qui concerne le prolétariat européen, il a jusqu'à maintenant appuyé toutes les guerres sanglantes de l'impérialisme.
La classe ouvrière européenne a produit industriellement les armes. Elle est la force d'appui des agressions et des expansions dans sa qualité d'armées industrielle et aussi militaire. Sans celles-ci, l'impérialisme est impuissant à agir. Marx a employé le terme d'armée comme métaphore et il n'a pas réalisé que les ouvriers constituaient littéralement l'armée militaire.
Dans ce contexte, on doit rappeler que l'impérialisme a compris d'associer la gauche à son avance vers le sud, sans que la gauche eût rendus impossible les plans d'expansion. Les ouvriers et les paysans s'engageaient dans les rangs des armées d'agression. Ils occupèrent des terres étrangères en pensant qu'ils le faisaient pour eux-mêmes. La subjugation d'autres peuples mirent le prolétariat européen dans une position de seigneurs. Par la supériorité, les exploités changent en exploiteurs.
Des prolétaires organisés allèrent avec les parties « les plus progressistes » vers le sud en partant de l'Allemagne, de la France, de l'Angleterre et d'Italie. Ainsi, le génocide le plus cruel dans l'histoire universelle avait eu lieu p.ex. en 1848 et 1885. Des rangs des prolétaires sortirent les colons. Ceux qui furent jadis exploités en Europe, opprimèrent eux-mêmes toute résistance et spolièrent des peuples entiers.

**Antithèse universaliste à l'analyse des classes marxienne :** tandis que Marx a vu un déterminisme entre la position de classe et la conscience, je constate que l'appartenance à une classe ne représente pas pour elle seule un signe de qualité. L'expérience prouve que les couches inférieures de revenu utilisent sans hésiter la chance de monter dans la hiérarchie sociale lorsque cette chance se présente.
Les expériences de deux siècles du mouvement ouvrier européen prouvent que celui-ci est intéressé aux avantages tarifaires et non à un changement de système. C'est de cette connaissance que partait Bismarck lorsqu'il a crée le concept d' « impérialisme social ». Il

voulait ainsi désigner une politique qui faisait participer les ouvriers au butin de guerre.

Du point de vue universaliste, on peut dire que la conscience et l'identification choisie sont décisives pour le comportement politique. Les expériences de l'histoire enseignent qu'en premier lieu c'est la conscience et non l'appartenance sociale qui est décisive pour l'orientation politique. *L'identification* s'avère particulièrement importante dans les couches moyennes qui sont ni bourgeoises ni prolétarienne.

L'Etat impérialiste a réussi d'intégrer les ouvriers dans son système et de les lier à lui. Dans le monde divisé, les ouvriers au Nord-Ouest s'identifient avec l'Etat impérialiste qui est régi par leur ennemi de classe, et ils ne s'identifient pas avec leurs frères de classe du prolétariat international. Ce qui est important est *l'identification* et non la position de classe. Si un ouvrier s'identifie aux buts de sa patrie parce qu'il croit en profiter, ainsi il se comportement loyalement par rapport au système. S'il espère obtenir de l'impérialisme p.ex. du bien-être, alors il combat pour les buts de l'impérialisme. S'il s'identifie à l'entreprise où il travaille, alors il lutte pour le succès de cette entreprise et donc aussi pour la politique exploiteuse. *L'identification* explique pourquoi les ouvriers des métropoles s'opposent à leurs sœurs et frères de classe qui habitent dans les Trois Continents. (Ainsi, on voit que jusqu'à présent les ouvriers des usines VW à Wolfsburg en Allemagne n'ont fait aucune demande d'une augmentation des tarifs pour les ouvriers de VW des autres usines VW du monde entier.) Les ouvriers ne s'identifient pas au prolétariat international, mais à la domination mondiale en obéissant aux prétentions de leur Etat national, et à la race blanche. Ils se considèrent des maîtres.

Les capitalistes soutiennent exclusivement le maintien et l'expansion du capitalisme. Les opprimés et exploités luttent en premier lieu contre l'oppression et l'exploitation. On ne peut pas sous-estimer les intérêts. Cependant, les hommes peuvent – s'ils ont suffisamment de conscience – agir contre leur propre égoïsme à la faveur de buts supérieurs de l'humanisme. On ne doit pas perdre de vue l'option pour la solidarité internationale et l'internationalisme

prolétarien. En tout cas, nous devons maintenir le principe de la solidarité inconditionnelle.
Quant à la destination du sujet révolutionnaire, le marxisme commet deux erreurs. D'un côté, il s'engage à lier le sujet révolutionnaire – exclusivement – à la situation de classe. Mais la deuxième erreur est encore plus grave : le prolétariat serait *objectivement* révolutionnaire. Il n'agit pas comme sujet, mais objectivement à la suite de l'exacerbation de la contradiction du rapport capitaliste de production. C'est d'autant plus grave parce que Marx n'y pense qu'au prolétariat européen et seulement verbalement au prolétariat international.

# Chapitre vingt-sixième.

## Le travail et le monde du travail chez Marx.

*Le travail* est chez Marx du travail physique.

**Marx et les luttes ouvrières :** Marx est désigné comme théoricien de la classe ouvrière. Les éditeurs des œuvres de Marx et Engels dans l'ancienne RDA – MEW – désignent Engels comme le « théoricien militaire du prolétariat ». Cet étiquetage entraîne des erreurs fondamentales comme si les éditeurs n'avaient jamais lu Marx et Engels mêmes.
Marx résout le rapport de production dans les deux parties de la contradiction, à savoir les propriétaires des moyens de production et les producteurs. Ceux-ci sont divisés en moyens de production et producteurs qui font fonctionner les moyens de production.
Il se peut qu'on y voie une conséquence logique de la dialectique marxienne. S'il en était ainsi, alors on aurait restreint la discussion seulement au plan de la dialectique formelle. Marx ne s'y arrête pas, mais il rend objective la question dans la mesure où il prive du libre arbitre le partenaire d'action.
Si Marx résume les hommes et les outils, les ouvriers et les machines, en forces productives, alors il exprime ainsi également sa conception de l'homme. Cela cache le point de vue fondamental selon lequel Marx considère les travailleurs davantage comme éléments d'une usine que comme membres de la société. Marx n'appelle pas les ouvriers avec dignité et respect dans leur qualité de prochains qui ont les mêmes droits, et dans leur qualité de sujets en action. Pour lui, les ouvriers font partie de l'usine parce que le déterminisme les oblige d'y être. Que Marx attribue aux ouvriers un rôle révolutionnaire, cela est considéré, dans le marxisme vulgaire, comme une preuve que Marx adjuge au prolétariat le plus grand honneur. Mais cela est faux. La révolution et ses porteurs sont un processus objectif qui ressort de l'histoire. Il est nécessaire qu'on la veuille. Selon Marx, ce ne sont pas les hommes qui font la révolution, mais la « révolution » instrumentalise les hommes. Le cours de l'histoire

est historiquement déterminé, qu'on soit pour ce cours ou contre, qu'on le veuille ou non. D'autres chemins ne sont pas prévus. Ce que le déterminisme historique prescrit, cela doit se réaliser.
Je fais maintenant abstraction du déterminisme historique et du rôle des hommes dans la destination des grandes époques de leur propre histoire. Je réduis la question à la position de Marx par rapport aux intérêts matériels des ouvriers et à leurs besoins et soucis existentiels.
Marx ne souligne nulle part que les ouvriers ont un droit à la participation ou qu'ils disposent de la faisabilité de l'histoire. Les changements historiques se produisent par l'exacerbation de la contradiction inhérente aux rapports de production, donc objectivement, non subjectivement, non par la conscience, non par une décision de chacun, non par le libre arbitre.
La journée de travail consistait, à l'époque de Marx, de 12 heures. Comme les ouvriers travaillaient 12 heures la journée, ils n'avaient aucune possibilité de développer leur vie sociale. Il est intéressant de voir comment Marx a compris cette situation. Il pensait que la journée de travail serait prolongée, peut-être l'a-t-il aussi salué. Seulement lorsque le mouvement ouvrier commença à lutter pour la journée de huit heures et put enregistrer des succès ponctuels, Marx et Engels étaient obligés de s'adapter au courant des masses[25].
Quant au système des salaires, Marx restait intraitable. Quant à la réduction du temps de travail et à d'autres revendications nécessaires pour la réalité actuelle du mouvement ouvrier, Marx se comportait, sans ambages et sans compromis, partial. Il entrait radicalement dans l'opposition – non contre les capitalistes, mais contre les travailleurs ! « *Faire appel d'un salaire égal ou même juste sur la base du système salarial est la même chose que de faire appel de la liberté sur la base du système d'esclavage.*[26] »
L'augmentation des salaires et la réduction du temps de travail sont, pour Marx, des facteurs étrangers au système, et qui entravent le déploiement du capitalisme. L'intervention dans la totalité de l'entreprise capitaliste, organisée de fond à comble, gênerait, selon lui, le cours et la percée du capitalisme.

25 MEW, 16, 134.
26 Karl Marx, 1865, MEW 16, 131 s.

Dans les discussions publiques, les marxistes protègent généralement Marx par l'argument que Marx aurait constaté un état de fait, et ne l'aurait point exigé.
A cela, je réponds : même si cela était le cas, il n'est pas légitime de rapporter l'état prévalent avec tant de neutralité et sans porter un jugement de valeur. Il s'agit d'hommes et non de machines.
Marx combattait les initiatives prolétariennes qui mettaient en question le capitalisme. Pour lui, le capitalisme était historiquement nécessaire. Celui-ci doit être complètement parcouru avant qu'il ne se dissolve objectivement. Non seulement ceux qui voulaient pratiquer le luddisme, mais l'idée même de coopératives, d'associations et de participation sont, pour Marx, complètement inacceptable. Il ne pouvait imaginer que les ouvriers entraient en possession des moyens de production. Sa théorie ne permet en aucun cas ces options. Miner le capitalisme, le détruire par l'intérieur et le rendre dysfonctionnel, cela aurait été, pour Marx, la catastrophe par excellence. Marx n'aurait jamais pu approuver un acte de sabotage. On ne doit pas faire entrer le chaos dans le capitalisme, au contraire, il doit être pleinement développé. Toute autre option serait insensée.
De l'ensemble du trait de plume de *Salaire, prix et profit* ressort clairement que Marx s'opposait à ce que le système salarial et le temps de travail soient changés en faveurs des ouvriers et à ce que ce changement soit à la défaveur des capitalistes.
Les consignes qu'adresse Marx aux ouvriers, p.ex. son appel de se soumettre au système salarial (in : *Salaire, prix et profit*), s'expliquent par son point de vue selon lequel il s'oppose par principe aux mesures qui entravent en qualité et quantité le capitalisme.
Marx ne se laissait pas impressionner par l'importance du fort mouvement contre la différenciation salariale et les divisions salariales.
Que les ouvriers et leurs familles en souffrent, cela n'offre aucune raison de défendre l'équité salariale. Marx a plutôt vu sa tâche de saboter les exigences avancées par le mouvement ouvrier pour un « salaire égal et juste » en attaquant cette position par des discours et des écrits. Les revendications de la classe ouvrière pour un salaire juste ont été disqualifiées par lui comme étant « stupides » (« töricht »), « plates » et « faussement matérialistes ».

On doit pourtant remarquer que Marx n'agit pas par une hostilité irréfléchie envers les ouvriers, mais par une conviction théorique profonde. Les inconvénients qui résultèrent de ce système salarial pour les ouvriers, cela ne l'intéressa littéralement point. Il soutient la position de laisser libre cours au développement capitaliste : le mouvement ouvrier et les syndicats entraveraient le développement capitaliste.

A cause d'une telle attitude hostile aux ouvriers, Marx fut contraint de se légitimer et dut se justifier contre le reproche d'être contre les organisations ouvrières et, parmi celles-ci, les syndicats.

Et maintenant à nouveau la question, adressée à Marx, du rôle historique de la classe ouvrière. Marx y répond : elle a à subir le capitalisme comme les esclaves et les serfs le féodalisme. Ensuite naissent les conditions de la révolution socialiste et du socialisme.

Les marxistes excusent Marx en disant qu'il est excusé par la perspective du socialisme. Vu abstraitement, son argument est judicieux.

Ce plaidoyer n'est pas correct. Ces thèses ne figurent pas seulement dans le *Capital* que Marx présente avec une certaine prétention scientifique. Les vues critiquées par moi, sont exposées, par Marx, dans des discours passionnés. Il se présente ainsi comme explicitement offensif contre des leaders ouvriers et communistes intègres et ne fait pas d'économie d'énoncés qui les disqualifient. Il reproche à ses opposants un « matérialisme plat et erroné ». Il voulait obtenir avec tous les moyens que le capitalisme se déploie et se développe pacifiquement car le capitalisme n'a pas besoin d'une contrainte extra-économique – certes sur le dos des travailleurs. Ceux-ci furent vus, par Marx, principalement sous la problématique de l'analyse des coûts et du profit. En tant que tels, ils constituent une grandeur économique et se placent donc au même rang que le « c », à savoir le capital constant, c'est-à-dire les machines, les bâtiments, et que le « m », à savoir la plus-value.

Finalement, il n'y pas de loi qui amène le socialisme par nécessité historique. On doit le vouloir et le construire, ou alors il ne sera pas.

Marx n'est pas seulement un théoricien du capital, mais aussi un représentant du capital. Pour titre de son œuvre majeur, il choisit la formule :

*« Critique de l'économie politique »*. Par ce titre, Marx exprime nettement le principe de sa pensée, mais il a été compris de travers par ses successeurs. Marx s'oppose à l'intervention politique dans le processus de développement du capitalisme, quelque soit l'intervenant, qu'il soit du haut ou du bas.
« Critique de l'économie politique » signifie rejet de l'influence politique sur l'économie et son développement régulier. – Marx est contre l'influence, et le pilotage de l'évolution économique. On doit laisser libre cours aux lois de la production marchande et du mouvement propre de l'accumulation du capital.
Keynes (1883-1946) a été, lui aussi, du même avis que Marx. Keynes pensait que le capitalisme ne se renverse pas nécessairement en une crise économique. La crise ne serait, selon Keynes, que la suite de manipulations erronées de l'économie. Mais ces erreurs pourraient être corrigées par une gestion de crise.
Marx a vu ce qui était bon dans le capitalisme. Celui-ci serait, selon Marx, la condition nécessaire pour l'arrivée du socialisme. C'est la raison pour laquelle Marx a été accueilli plus tard comme apologète du socialisme. Il a acquis ainsi de l'immunité contre la critique. Il a été difficile de l'attaquer. Celui qui le faisait, fut dénoncé comme apologète du capitalisme. Cependant, ce fut Marx lui-même qui a inventé le construct du capitalisme. Il se faisait même fort de défendre le développement capitaliste contre la critique théorique et la critique pratique.
On doit, cependant, ajouter que Marx aurait dû défendre, avec la même vigueur, le socialisme, mais seulement si celui-ci aurait atteint sa réalisation. C'est pourquoi Marx proclamait le mot d'ordre de la « dictature du prolétariat » qui devrait protéger l'Etat ouvrier et le socialisme.
Cette perspective a protégé Marx contre le reproche du machiavélisme. A tort. L'économisme et la théorie de l'Etat de Marx ne sont pas mieux que le machiavélisme.
Il est inconcevable que des générations l'ont, depuis Marx, appelé le théoricien de la révolution et le pionnier du socialisme qui aurait travaillé pour l'émancipation du prolétariat.

# Chapitre vingt-septième.

## La lutte des classes.

**Synopse :**

1. « Les classes » et « la lutte des classes » chez Marx.
2. La place de la « lutte des classes » dans la théorie marxienne.
3. La perversion de la lutte des classes.
4. Toute l'histoire est l'histoire de luttes de classes.
5. La lutte des classes – la force motrice de l'histoire.
6. Qu'est-ce que signifie, selon Marx, la lutte des classes.
7. Sur l'évaluation de la théorie marxienne de la lutte des classes.
8. La théorie des luttes de classes de Karl Marx manque la réalité.

**1.** *« Les classes » et « la lutte des classes » chez Marx :* le concept marxien de la lutte des classes a été jusqu'à maintenant mal compris. Les lecteurs de Marx ont voulu obtenir de lui une légitimation de leur propre résistance, et ils l'ont interprété conformément à ce souhait pour autoriser leur propre lutte subjective. Mais Marx n'a pas voulu dire cela.

Les classes sont chez Marx des rapports sociaux figés. Le prolétariat est chez lui une « armée de travail » qui se balance entre la production et la reproduction pour la production. « L'ouvrier » est réduit à sa situation dans le processus de production. La dimension politique, sociale et culturelle du prolétariat fut ignorée par Marx.

De la même façon, Marx s'est refusé d'appuyer théoriquement et moralement, voir pratiquement, et ici et maintenant, la résistance anticapitaliste de la classe ouvrière, p.ex. contre le système salarial. De plus, il sabotait, par ses discours et ses écrits, les luttes importantes contemporaines du prolétariat.

Selon Marx, les ouvriers doivent travailler et non pas faire la grève ou d'ébranler les rapports de travail de quelque manière que ce soit. S'il y avait eu une convention collective, celle-ci ne devait pas être en faveur des ouvriers ni être changée à leur profit.

2. **La place de la lutte des classes dans la théorie marxienne :** le concept de la lutte des classes n'a pas été inventé par Marx. Il le trouvait tout fait. Mais il croyait pouvoir lui donner une signification théorique et scientifique.
La lutte des classes est un élément constitutif de la théorie marxienne. En analogie avec les équations mathématiques par rapport à l'accumulation du capital, Marx a compris la lutte des classes dans le même sens qu'ont les lois naturelles physiques. On ne peut comparer la compréhension marxienne de la lutte des classes qu'en analogie de la polarité du modèle atomique entre les protons chargés positivement et les électrons chargés négativement. L'antagonisme entre le prolétariat et la bourgeoisie existe de manière automatique et obligatoire.
Dans le sens de Marx, on ne peut saisir le sens de la lutte des classes sans la théorie du matérialisme historique. Le terme de la lutte des classes obtient, dans l'application théorique, la signification suivante : le matérialisme historique divise l'histoire de l'humanité en cinq respectivement six époques. La transition d'une époque à la suivante se passe par la « révolution sociale ». La force motrice de la révolution sociale est la lutte des classes. Or, la lutte des classes dans le sens de la théorie marxienne du matérialisme historique, n'est pas identique à ce qu'on suppose dans le mouvement politique marxiste.
Mais qu'est-ce que Marx comprend au fond par la « lutte des classes ». La lutte des classes est un phénomène de la société des classes. La société productrice de marchandises d'un mode donné de production, est portée par deux classes fondamentales. La lutte des classes existe dès que le les deux classes contractent les rapports de production (comme si elles le voulaient ou non). Pour Marx, la lutte des classes est une composante inséparable des rapports de production. Elle est contenue dans le processus contradictoire de production. La lutte des classes est matériellement enracinée dans la production même. On ne peut pas l'éviter. Elle ne peut pas ne pas arriver ou être appelée. Elle est attribut inséparable des rapports de production. Elle ne peut ni manquer ni s'ajouter. Elle est d'essence égale au rapport des deux classes l'une à l'autre. Elle est la forme phénoménale de chaque rapport,

antagoniste en vigueur, de production. On ne décide pas la lutte des classes. On ne l'accepte pas ou la rejet. Elle n'est pas planifiée ou mise en perspective. Ella a lieu. Elle n'arrive pas par des considérations particulières de la pensée, par des réflexions théoriques, par des pas d'organisation, ou d'autres efforts.
La société productrice de marchandises repose sur l'antagonisme de deux classes. Entre les deux classes, il y a la lutte des classes tant que durera ce mode de production. Elle n'existe ni par une décision de la volonté ni par la force décisionnelle. Il n'y a eu p.ex. d'abord le capitalisme, et ensuite s'y est jointe la lutte des classes peut-être à cause de la compréhension, des ouvriers, de sa nécessité. Les classes se trouvent plutôt dans la lutte qui est le mode d'être des deux classes fondamentales porteuses du capitalisme. Elles ne peuvent pas non plus lui échapper si elles ne le voulaient pas. La lutte des classes est objective, non subjective.

3. **Perversion de la lutte des classes :** l'antagonisme entre les classes ne peut pas être supprimé. Il se relativise cependant, s'il est dirigé contre un tiers, qu'il est dévié, et qu'on commence à le combattre. Dans ce cas, l'antagonisme des classes ne disparaît pas, mais la praxis des luttes des classes est désamorcée à la faveur de la guerre contre un ennemi extérieur.
   L'impérialisme utilise abondamment cette possibilité. Il organise le prolétariat comme fantassins tandis que la bourgeoisie occupe les rangs militaires supérieurs. Les deux classes mènent la guerre contre un ennemi extérieur. La lutte des classes est refoulée d'apparence. L'hostilité est dirigée contre un ennemi extérieur. L'alliance nationale l'emporte sur l'opposition des classes. La guerre contre un tiers l'emporte sur la lutte des classes. Même dans la résistance contre l'impérialisme, les classes s'allient dans la lutte pour l'indépendance.

4. **Toute histoire est l'histoire des luttes des classes :** Marx et Engels ont comprimé la conception historico-matérialiste de l'histoire en une seule phrase : « Toute histoire est l'histoire des luttes de classes » (première proposition du *Manifeste communiste* ».

Mes propres recherches ont montré que l'histoire ne consiste point que d'une chaîne de luttes. L'histoire européenne est la grande exception. Elle est caractérisée par des agressions continuelles et des guerres. La guerre européenne contre les peuples a commencé en Europe même.
Les peuples extra-européens, par contre, vivaient somme toute en paix mutuelle. Les guerres, s'il y en avait, étaient des actions exceptionnelles. Si elles ne pouvaient être empêchées, les guerres étaient circonscrites et n'avaient lieu qu'entre les armées. La guerre n'avait pas le droit de se propager à la population civile et à ceux qui n'y étaient pas impliqués. Le massacre et le génocide étaient l'affaire exclusive des Européens.
La proposition marxienne « *Toute histoire est l'histoire des luttes des classes* » exprime le principe du dualisme dont la guerre est le symptôme le plus important et le plus cruel. Le dualisme s'est imposé très tôt en Europe par l'Empire Romain. – La lutte comme symptôme le plus important du dualisme ne se restreigne pas qu'aux guerres, aux guerres civiles, et aux escarmouches mutuelles de groupes sociales. Les attitudes agressives caractérisent, en général, les rapports entre les hommes.
*Le Manifeste communiste* constate une lutte incessante, l'affirme et l'exige. Aucune condamnation des agressions européennes contre le reste de l'humanité ne se trouve par contre dans le *Manifeste communiste*. – Encore aujourd'hui, la paix dans le monde est dérangée exclusivement par des agressions européennes et des Etats-Unis contre le reste de l'humanité. L'OTAN est le seul pacte militaire dans le monde entier. Elle lie une grande partie de l'Europe en une organisation agressive unitaire à laquelle appartiennent aussi les USA et le Canada. La dissolution de l'OTAN est le premier pas décisif vers la paix mondial.

5. **La lutte des classes – la force motrice de l'histoire :** le fondement de la conception marxiste de l'histoire est basé sur la première proposition du *Manifeste communiste* : « Toute histoire est l'histoire de luttes des classes ». Certes, les oppositions des classes sont une force motrice de l'histoire. Je reprends la théorie

marxiste de l'histoire pour être fidèle à la lecture herméneutique correcte du texte.

La lutte des classes dont je parle, n'est pas une action subjective qui serait planifiée, proclamée, et mise en œuvre par des parties, des syndicats ou le personnel d'une entreprise. Selon le sens de Marx, l'histoire s'accomplit objectivement, non subjectivement, automatiquement, non anthropogène, indépendamment de la volonté et décision humaines comme histoire de luttes des classes. Il est correct de dire que l'histoire n'est pas faite seulement par ceux qui dominent, mais plutôt par des peuples et les masses ouvrières. C'est pourquoi c'est une histoire d'oppression et de résistance des peuples opprimés et des classes exploitées.

6. **Qu'est-ce que signifie, selon Marx, la lutte des classes ?** Comme je l'ai déjà dit, la signification de la lutte des classes ne peut être comprise par une herméneutique correcte chez Marx que dans le cadre de l'ensemble de sa théorie du matérialisme historique. Selon Marx : une époque des cinq époques de l'histoire humaine est caractérisée par la contradiction entre les forces productives et des rapports de production. Cette contradiction se développe, s'aiguise, et s'exacerbe jusqu'à ce qu'elle se renverse en la révolution sociale. L'ancienne époque se saborde et sera relayée par la suivante. La force motrice de la révolution est la lutte des classes.

   La réception irréfléchie des œuvres de Marx a interprété l'idée de la lutte des classes comme un appel dirigé à la classe ouvrière pour résister contre le capital. Sur cette compréhension erronée se base la fascination pour le marxisme mais qui est, elle-même basée sur une erreur herméneutique. Des hommes opprimés et exploités ont projeté leurs espérances dans la théorie marxienne. Ils ont fait grand tort à Marx – quoique positivement.

7. **Sur l'évaluation de la théorie marxienne de la lutte des classes :** la dépendance de la compréhension, de la lutte des classes, de la théorie de l'histoire a pour conséquence chez Marx de le mener à une compréhension physique de la lutte des classes. Celle-ci n'est pas une action motivée par la compréhension, le

libre arbitre, et la force décisionnelle, mais par un automatisme objectif, non subjectif.

8. **La théorie de la lutte des classes manque, chez Marx, la réalité :** Marx comprend mal le principe dominant de la société impérialiste. Le consensus national détruit la contradiction des classes. Le militarisme recrute ses soldats parmi les rangs des paysans et des ouvriers. La structure des classes se reflète dans l'armée : la bourgeoisie fournit les officiers et les généraux, le prolétariat les fantassins. La viscosité n'est pas en contradiction avec la structure fondamentale. Les rapports sont analogues dans la lutte de libération nationale. Toutes les classes s'unissent dans la résistance anti-impérialiste – avec l'exception des collaborateurs et des compradores.
   L'impérialisme canalise ses contradictions intérieures en dirigeant celles-ci vers l'extérieur. Alors, les hommes exploités sont censés d'abandonner, sur leur propre territoire, leur disposition à la lutte contre l'ennemi intérieur de classe pour se diriger contre un prétendu ennemi extérieur. La méthode de la canalisation de luttes intérieures est appliquée sans cesse par l'impérialisme – malheureusement non sans succès – dès les croisades (commencement en 1054) jusqu'à nos jours, p.ex. contre l'Iraq et l'Afghanistan. – Les luttes des classes triomphèrent rarement, elles furent effacées par l'ennemi qui a été suggéré aux classes exploitées.
   La lutte anti-impérialiste est analogue, mais de signe contraire : toutes les couches et classes sociales s'unissent contre l'ennemi national.

# Chapitre vingt-huitième.

## L'Etat.
## Sur la théorie marxienne de l'Etat.

L'Etat est l'instrument de la classe dominante pour exécuter sa puissance et pour combattre la résistance. La classe dominante fournit l'Etat pour appliquer ses intérêts : protection de la propriété privée des moyens de production, amélioration de l'utilisation du capital et suppression des luttes des classes. – Marx définit l'Etat du capitalisme comme un *capitaliste total.*

L'Etat incorpore la superstructure. Dans le capitalisme, c'est la bourgeoisie qui domine et le fournit ainsi l'Etat bourgeois.

L'Etat (la « superstructure ») pourvoit à ce que les rapports de production existants (la « base ») soient protégés et maintenus. Un changement radical des rapports de production entraîne la chute de l'Etat. La base fournira la superstructure étatique, politique, et idéologique. Les changements dans le rapport entre la base et la superstructure ne sont, cependant, pas pleinement synchrone. En règle générale, l'une des deux parties précède l'autre qui est en retard de son développement.

V. I. Lénine a perfectionné la théorie d'Etat de Marx : l'Etat fait partie de la société des classes et devient superflu dans la société sans classes. *L'Etat et la révolution* de Lénine vaut comme l'ouvrage fondamentale de la théorie d'Etat marxienne.

**La perspective de la mort de l'Etat :** Lénine soutint la thèse selon laquelle l'Etat reste nécessaire après la révolution socialiste. L'Etat ouvrier doit posséder son propre instrument de domination pour défendre le socialisme contre la contrerévolution. Ce n'est qu'après l'édification terminée du socialisme que l'Etat meurt. On ne le casse pas ( !).

*Déduction* : La perspective de la mort de l'Etat peut être dérivée comme suit : Si l'Etat sera cassé, cela signifie une exacerbation de la lutte des classes. Il en résulte que les classes continuent à exister. Donc l'Etat est nécessaire.

La perspective de mort la mort de l'Etat est une caractéristique propre à Lénine. L'Etat présuppose l'existence des classes. L'une des classes fournit l'Etat pour opprimer l'autre et dominer elle-même. Dans une société sans classes, à savoir le communisme, il n'y aura plus besoin d'un Etat, celui-ci meurt.

## L'Etat impérialiste du point de vue universaliste. Critique de la théorie marxiste de l'Etat.

**Synopse :**

1. L'Etat dans les sociétés précapitalistes.
2. L'Etat dans le capitalisme et l'impérialisme, désigné d' « Etat bourgeois » par le marxisme.
3. Sauvegarde de la domination.
4. « L'impérialisme social ».
5. L'alliance nationale refoule l'antagonisme des classes, le consensus national remplace la lutte des classes.
6. La « paix sociale ».
7. Le militarisme forme l'essence de l'Etat dans l'impérialisme.
8. La démocratie pour les masses est la dictature des dominants.

Ce qui est certain c'est que l'Etat sert en premier lieu à ce que les rapports de production ne changent pas et que la résistance contre cela doit être réprimée. La théorie marxiste de l'Etat impressionne, à première vue, comme étant plausible et convaincante. Ce n'est que la considération critique qui en découvre des faiblesses, des lacunes, et des erreurs sensibles. J'oppose aux thèses marxistes les antithèses suivantes :

1. **L'Etat dans les sociétés précapitalistes :** le marxisme se trompe du point de vue de *l'histoire* : la naissance de l'Etat n'était pas liée à la formation des classes. Même dans les sociétés sans classes, il y avait un besoin de l'Etat pour que celui-ci règle les tâches purement civiles et administratives. Celles-ci furent, en première ligne, le secteur des eaux, la distribution des eaux, et

l'assèchement lors des inondations, de plus la protection contre des catastrophes naturelles et la défense contre des agressions. La première formation d'un Etat avait lieu au bord du Nile, en Egypte. Après, ce fut le cas de Babylone en Mésopotamie. Il s'y agissait sûrement d'Etats sans classes.

2. **L'Etat dans le capitalisme et l'impérialisme, désigné d' « Etat bourgeois » par le marxisme :** il est correct de dire que l'appareil d'Etat sert aux dominants d'instrument pour combattre la résistance des classes et couches opprimées et exploitées. Pourtant, le marxisme comprend mal la stratégie de l'impérialisme qui est dirigée vers l'intérieur et est malheureusement couronnée de succès, dont nous allons, dans la suite, prendre pour sujet les piliers.

3. **Sauvegarde de la domination :** l'Etat impérialiste utilise de plus en plus les méthodes de sauvegarde de la domination en employant des moyens qui ne sont pas physiques : la psychologie sociale, les médias, la manipulation, les loisirs, etc.
Le marxisme ignore des questions centrales de la sauvegarde de la domination, et qui sont appliquées contre des couches de sa propre population sans employer la force physique.
De plus, Marx se trompe parce qu'il réduit la contrainte non économique aux époques précapitalistes et qu'elle devient superflue dans le capitalisme où elle est remplacée par la contrainte purement économique. Comment peut-on interpréter les guerres de l'impérialisme autrement que comme une contrainte non économique. Mais aussi dans son propre territoire national, l'impérialisme ne peut pas renoncer à la soi-disant contrainte extra-économique. Derrière une façade démocratique se cachent abondamment des contrôles et répressions.

4. *« L'impérialisme social » :* impérialisme social veut dire résoudre la question sociale par des moyens impérialistes. C'est à lui qu'on est redevable qu'il a assuré, sur son propre territoire, une paix sociale et qu'il a créé ainsi la base pour le « consensus national ». L'impérialisme a assuré ses arrières pour des agres-

sions dans l'extérieur. L'opposition intérieure fut dirigée vers l'extérieur. Depuis lors, l'impérialisme peut compter sur l'appui de sa propre population dans ses guerres contre les peuples du monde et mener des agressions durables qui sont exécutées par des paysans et ouvriers en tant que fantassins. Ce fait fut complètement ignoré par les classiques du marxisme.

5. **L'alliance nationale refoule l'antagonisme des classes – le consensus national remplace la lutte des classes :** les dominants font participer les ouvriers à l'exploitation et la spoliation des peuples étrangers. Le « social-impérialisme » a réussi de gagner comme alliés les exploités de leur propre territoire de domination. Le caractère de l'antagonisme a glissé de la lutte des classes vers le « consensus national » par l'intégration des exploités.
   L'impérialisme a organisé une multiplicité d'institutions pour soigner et garantir le consensus national, en premier lieu les syndicats, Trade Unions, les négociations sur la convention collective, la participation réelle ou formelle. Une multiplicité de partis renforce le mythe de l'égalité et l'illusion de démocratie.

6. **La « paix sociale » :** un autre aspect de la sauvegarde de domination est la politique du capital monopoliste qui est dirigée vers la « paix sociale ». Le capital financier a peu à peu appris de cacher son vrai visage derrière la façade d'institutions accessibles à tout le monde. Il se cache anonymement derrière les banques et sociétés anonymes. L'image visible de la structure sociale ne montre pas immédiatement les classes ennemies en opposition. Les banques, les sociétés anonymes et d'autres formes organisationnelles du capital financier sont ouvertes aux ouvriers, quoique dans une mesure restreinte. Il y a, dans la société impérialiste, une différenciation sociale qui est même extrême. Les frontières des classes pouvaient, cependant, être voilées sur le plan de l'apparence. Elles ne sont plus visible de la même manière comment Marx et Lénine les ont décrites. – Assurément, il y a la pauvreté au sein de la société impérialiste. Cependant,

l'impérialisme s'efforce d'amortir les oppositions sociales de sa propre population.
Je veux attirer l'attention sur la politique de bien-être respectivement de pauvreté de l'Etat impérialiste. Les auteurs classiques du marxisme n'ont pas, eux-mêmes, pénétré la politique de l'impérialisme par rapport à la paupérisation. L'impérialisme mène une politique qui avance, en synchronie, un combat contre la pauvreté et une production de pauvreté.

7. **Le militarisme forme l'essence de l'Etat dans l'impérialisme :** la véritable fonction de l'Etat dans l'impérialisme fut tout à fait mal comprise dans la perspective restreinte du marxisme. L'impérialisme construit le militarisme et accorde l'ensemble de l'organisation sociale avec la guerre. L'Etat crée les conditions de l'agression et de la guerre. Il organise la guerre, la met en œuvre, et règles ses conséquences. Tout est militarisé dans l'impérialisme – de l'économie de guerre jusqu'à la politique d'information et la manipulation en passant par l'éducation.
L'Etat impérialiste crée le militarisme pour fonder sa dominance et mettre en œuvre ses buts agressifs et expansionnistes. Le militarisme devint la base et le mode de production de l'impérialisme. Marx présente le système impérialiste comme un « mode de production » qui est désigné, par lui, comme « capitalisme ». Selon l'analyse de Marx, le soi-disant capitalisme paraît « productif ». Marx le désigne même comme « mode de production », voire le plus productif de toutes les sociétés de classes.
Marx se trompe. Le « capitalisme » marxien est une illusion. Ses déductions mathématiques se fondent sur le construct du capitalisme. La réduction est correct, mais la présupposition est erronée.
Marx désigne le « capitalisme » comme progrès. Marx se trompe fort. Un système n'a jamais détruit autant d'hommes et de matériel que l'impérialisme.
Le capitalisme marxien n'est ni un progrès ni productif. – L'impérialisme est de fond à comble parasitaire et destructif. Jamais dans l'histoire humaine ne furent détruites autant de choses que sous l'impérialisme.

L'Etat est, dans l'impérialisme, un appareil militaire. La politique de l'impérialisme est militarisme. L'impérialisme donne son empreinte à toutes les institutions de la base et de la superstructure.
L'Etat impérialiste organise les agressions, réalise la politique expansionniste, pratique l'oppression des peuples et l'exploitation de leurs ressources.

8. **La démocratie pour les masses est la dictature des dominants :** dans le « capitalisme » règnent l'oligarchie impérialiste, le capital financier, la puissance industrielle, la production d'armement. Cependant, il est suggéré une démocratie qui, en vertu de l'embêtement des larges masses, est tenue pour telle – aller aux urnes dans un tournus régulier, plusieurs partis politiques et autres choses semblables).
On doit cependant faire la concession que des parties de la couche moyenne et même des groupes à revenu inférieur voient leur propre avantage dans l'impérialisme et acceptent, sans broncher, le fait que la bourgeoisie est hyper-privilégiée. Les classes concluent une trêve mutuelle. Elles ne reconnaissent pas les peuples du monde comme étant des sœurs et frères, mais elles voient dans l'ennemi de classe le garant pour leur bien-être réel ou présumé.

# Chapitre vingt-neuvième.

## Le progrès.

**Synopse :**

1. La fascination exercée par le « progrès ».
2. Comment est-ce que Marx voit le rapport du socialisme au capitalisme ?
3. Les prêcheurs du « progrès ».
4. La notion marxienne du progrès.
5. La croyance au progrès chez Marx.
6. Qu'est-ce qui est, au fond, le progrès selon Marx ? Le développement des forces productives.
7. La place des hommes qui travaillent dans la théorie marxienne du progrès.
8. La sanction de la société des classes comme condition et pilier du progrès.
9. La théorie de Marx sur le « progrès » présentée en thèses.
10. Les antithèses universalistes à la théorie marxienne du progrès.
11. Sur l'essence du « progrès » dans le capitalisme et l'impérialisme.
12. Le socialisme marxien se construit sur le capitalisme.
13. Est-ce qu'il y a une perspective universaliste du progrès ?

**La fascination exercée par le « progrès » :** au début du XIX$^{ème}$ siècle, immédiatement avant la naissance de Karl Marx, ont eu lieu, en partant de l'Angleterre, des développements – entre autres la machine à vapeur – qui sont désignés d'habitude comme « révolution industrielle ». C'est précisément cette « révolution industrielle » qui fascinait Marx à tel point qu'il s'est laissé déterminer dans l'ensemble de son œuvre par cet accomplissement de l'histoire technique.
Marx loue la révolution industrielle avec des termes tels que « *immense mise en valeur des forces productives* » ; ce qui renvoie l'agriculture et l'artisanat aux annales de l'histoire.

Marx mène implacablement des attaques rhétoriques contre tous ceux qui ont envisagé d'un point de vue critique le dit « renversement technologique », avant tout contre le luddisme. Mais Marx était un ennemi implacable du luddisme sans différencier les différentes manières du luddisme. Il n'a pas répondu de façon due à leurs arguments.

**Comment Marx voit-il le rapport du socialisme au capitalisme ?** Marx ne voit pas dans le capitalisme la destruction de la nature et l'empoisonnement du milieu ambiant, mais la transition – historiquement nécessaire – au socialisme. La nécessité du capitalisme en tant que condition incontournable du socialisme est justifiée principalement par la performance technologique du capitalisme et son organisation rigoureuse de l'entreprise.
Le capitalisme – le mode de production de l'aliénation totale et de l'exploitation extrême – était, pour Marx, l'incarnation du progrès. La production capitaliste fournit pout lui l'acmé de tous les développements passés de l'humanité. Non seulement la technologie, mais aussi l'organisation sociale exercèrent sur lui une grande fascination.

**Prêcheurs du « progrès » :** Marx et Engels ont entendu par progrès exclusivement le progrès technologique. Le renversement de la société primitive en société des classes et les transitions de l'esclavage au capitalisme en passant par le féodalisme reposent sur l'évolution des moyens de production, c'est bien leur théorie. De plus, Marx et Engels regardèrent la propriété privée comme présupposition et garant du développement technique et de la transformation de l'organisation sociale.
Mais comme la suite des sociétés est envisagée de manière déterministe, le développement technologique en tant que base n'était pas pour Marx un objet de leur critique. En plus, ils ne disent que du bien de la technique en tant que force productive. Marx, Engels, Lénine, et Staline portent sur l'industrie capitaliste que des jugements positifs.

**La notion marxienne de progrès :** Marx s'approprie la notion de progrès de son entourage, ou, pour le dire directement, il maintint ce qu'il croit combattre. Il s'identifie avec la compréhension capitaliste du progrès. Selon Marx, le développement des forces productives est le contenu et la mesure du progrès.
Cela est en fait surprenant, car les forces productives ne sont développées, dans la société des classes, que dans la mesure où elles renforcent la production, minimisent les coûts, et maximisent le profit. Marx aurait dû savoir cela, car les forces productives ne sont pas développées plus que nécessaire. C'est donc une contradiction. Cependant, Marx semble accorder cette contradiction à son concept, puisqu'autrement il aurait dû abandonner complètement son projet.

**La croyance dans le progrès chez Marx :** Marx – comme d'ailleurs aussi Engels, Lénine, et Staline – croyait absolument au progrès. La distance critique par rapports à des nouveautés technologiques manquait à eux tous.
Le socialisme réel suivait les auteurs classiques. Il a malheureusement repris en entier la contrainte capitaliste d'efficience et entrait en compétition avec les Etats occidentaux. La raison en était peut-être qu'il était lui-même sujet d'une contrainte.
Marx n'est pas le seul qui est coupable des développements erronés du socialisme réel, nous devons constater qu'il n'y a pas de critique convenable du progrès chez Marx. Marx considérait plutôt le développement technologique comme un progrès qui est digne de louange au plus haut degré et sans limites.

**Qu'est-ce qui est, au fond, le progrès chez Marx ? Le développement de la force productive.** Dans sa déduction ultérieure, Marx déclare que le progrès historique est le développement de la force productive. A la base du développement se trouve le mouvement de la production. Ce n'est pas l'homme mais la machine qui développe l'homme et globalement le monde.
Après avoir développé son idée du cours de l'histoire humaine, Marx conclut que la révolution n'aura lieu qu'à la suite du capitalisme qui lui est le stade préparatoire de la force productive néces-

saire à la révolution. La contradiction entre les forces productives et les rapports de production s'exacerbe.

**La place de l'homme qui travaille, dans la théorie marxienne du progrès :** la percée du développement de la force productive est, selon Marx, la machine qui produit des machines. La force productive qu'est l'homme, est de son côté une partie, un accessoire de la grande machine, de l'usine totale idéale du capitalisme. Même en ce qui concerne cette réduction de l'homme à la force productive, c'est-à-dire à un cas particulier d'une machine productive, Marx la voyait en harmonie avec sa vision du socialisme.
D'autres points de la critique de la conception marxienne du progrès :

**La sanction de la société des classes comme condition du progrès :** regardons les idées auxquelles Marx croit mais qu'il ne prononce pas explicitement : la conception de l'histoire de laquelle Marx induit sa vision du futur, réduit la révolution au « progrès » technologique et à l'organisation sociale d'entreprise, qui se lie avec ce progrès.
Marx parle, certes, de « révolution », mais si on regarde de près, on constate qu'il s'agit en réalité non pas d'une « révolution », mais d'une « évolution ». C'est-à-dire que la société des classes ne sera pas cassée, mais elle évolue vers le socialisme qui reste, de son côté, une société des classes.
La transition du socialisme au communisme ne s'accomplit pas, selon Marx, par une révolution, mais par une évolution. En croissant, le socialisme se transforme dans le communisme.

**Le matérialisme historique de Marx – la réhabilitation de la réaction historique :** Marx et Engels ont lié le progrès historique à la formation de classes. Ceci est surprenant à plusieurs égards. D'abord parce qu'ils ont revendiqué le contraire, ensuite leur supposition ne tient, historiquement, pas debout. En troisième lieu, les deux auteurs classiques devaient s'embrouiller dans des contradictions qui ne leur furent pas conscientes.

**La théorie de Marx sur le « progrès » en thèses :**

1. L'évolution s'accomplit comme « progrès » technologique, comme évolution supérieure des forces productives, et cela du communisme primitif au socialisme en passant par les sociétés des classes, l'esclavage, le féodalisme et le capitalisme.
2. Le « progrès » s'oriente automatiquement vers une perfection.
3. Le « progrès » apporte aux classes et nations la libération et l'autoréalisation.
4. Le colonialisme apporte aux peuples subjugués le progrès.
5. La lutte contre le colonialisme est une lutte contre le progrès, le socialisme et la libération virtuelle, elle est donc réactionnaire.
6. La révolution par laquelle le capitalisme est remplacé par le socialisme, s'expliquerait par le fait que le capitalisme apporte le progrès technologique nécessaire au socialisme et au communisme.
7. La réorganisation du capitalisme en socialisme et du socialisme en communisme se fait automatiquement et s'ensuit nécessairement de la production et de l'organisation technologiquement conditionnées et qui ne peuvent résulter que du capitalisme.
8. La transition du capitalisme au socialisme est la ***dernière*** de toutes les révolutions de l'histoire humaine.

**Antithèses universalistes à la théorie marxienne du progrès :** l'universalisme ne partage pas les conceptions marxiennes par rapport au progrès.

**Sur l'essence du « progrès » dans le capitalisme et l'impérialisme :** la destruction de la nature, du circuit écologique, et des conditions de vie a été expérimentée directement par Marx sans qu'il en fasse une critique convenable, voire un avertissement.
La spoliation de la nature, le vol des ressources à l'échelle mondiale, l'exploitation illimitée furent pour Marx des aspects du progrès capitaliste et donc des éléments du voyage de l'histoire vers le socialisme et le capitalisme.
Les développements capitalistes et la production impérialiste servent à la maximisation du profit, à l'optimisation du rendement, et la minimisation des coûts. Leurs inconvénients sont à la charge des

ouvriers. Leurs effets pathologiques sur les hommes sont acceptés et par l'impérialisme et par Marx.

**Le socialisme marxien se construit sur le capitalisme :** sur la base du mode capitaliste de production doit, selon Marx, se construire le socialisme. Il est contraire au sens d'une herméneutique correcte du projet total marxien de casser totalement le chemin de développement capitaliste et de recommencer par le début le socialisme et le communisme. Une usine qui fait son service, ne doit pas être incendiée, mais elle doit être ré-fonctionnalisée. Cela n'est pas le point du litige avec Marx, mais bien qu'il veut maintenir et faire évoluer la « *base* ». Le socialisme doit être le meilleur capitalisme. Si Marx avait pensé comme je le propose, il n'aurait pas dû attendre l'accomplissement du capitalisme, mais proclamer tout de suite la révolution. Il aurait dû rompre tout de suite avec la production capitaliste et exhorter à la rupture.
Mais Marx voulait en principe que le capitalisme se développe autant que possible jusqu'à ce qu'il fasse la transition vers le socialisme. Du point de vue marxiste, le chemin de développement capitaliste devrait être repris, augmenté, et dépassé par le socialisme.

**Est-ce qu'il y a une vision universaliste du progrès ?** Je pense que je n'ai pas besoin de souligner que nous ne sommes pas contre le progrès, mais contre une exploitation technologique de capacités sans égards à leurs inconvénients.
Le progrès technologique peut être une malédiction et non pas une bénédiction. On doit poser des critères qui délimitent le progrès contre des développements destructeurs. Le premier critère est d'une façon absolue : le progrès doit servir au bien-être de l'homme et être dans l'intérêt de la population mondiale.
Oui au progrès pour l'homme et la nature, non merci pour les dommages de l'homme et de la nature. Les développements qui déclenchent des pathologies, ne sont pas de progrès, et ils doivent être interdits. De même des développements qui provoquent des inconvénients à court, moyen, ou long terme. Le progrès est possible, et nécessaire, mais pas à n'importe quel prix. Pas tous les chemins de progrès ne mènent à une amélioration de la qualité de vie.

# Chapitre trentième.

## Ecologie.

L'homme vit de la nature, et la nature de l'homme. Un rapport reproductif et régénératif à la nature est la condition pour la possibilité d'une sphère vitale. On doit maintenir un rapport de ménagement à l'environnement. Le maintien de l'équilibre et du circuit naturel est non seulement un commandement éthique, mais aussi la base de l'auto-entretien de l'espèce humaine et de tous les êtres vivants. Il est nécessaire que la nature reste reproductible.
L'époque où vivait Karl Marx, c'est-à-dire le XIX*ème* siècle, est le temps de la pollution environnementale. La destruction de la nature atteint un degré inconnu jusqu'alors. Pour la première fois, l'humanité est confrontée à un tel degré de pollution des eaux, des terres, et des airs. Des maladies se propagent. La mortalité connaît des valeurs extrêmes à la suite de l'empoisonnement de l'air, de l'eau potable, et de la terre arable. Marx ne semblait pas avoir été impressionné par ces phénomènes.

**Critique écologique de Marx :** l'exploitation de la nature, la déprédation, la spoliation des ressources, l'épuisement des matières premières, minéraux, métaux rares, et l'emploi gaspilleur des énergies pour la seule fin du profit sont décrits par Marx comme le « progrès » par excellence, comme grande « mise en valeur des forces productives », et comme victoire de la raison sur la nature.
Correcte est par contre : la génération de Marx a reçu une richesse immense et des ressources minières de métaux rares. Ce qu'elle a légué à la postérité, c'est le manque, des pathologies et un environnement détruit.
Non seulement se taisent Marx et Engels par rapport à la catastrophe écologique, mais ils louent la destruction par des mots débordants tels que la « mise en valeur immense des forces de la nature ». La considération myope du théoricien n'était pas capable de voir le développement destructif irréversible devant la porte d'entrée à la maison. Le fait que les ressources sont finies et que des générations

après Marx devront en subir les effets, ne produisait pas des maux de tête à Marx. Que les ressources ne soient pas infinies, on l'aurait pu reconnaître aussi à l'aube du capitalisme.
La capacité de critiquer de Marx et d'Engels a complètement échoué sur le terrain de l'environnement et de la décomposition du circuit écologique. Rien ne leur serait plus proche que de reconnaître les suites des interventions capitalistes dans la nature.
On ne peut pas excuser le fait que Marx et Engels se taisent sur les états de fait catastrophiques, voire qu'ils louent le « haut degré d'organisation de l'industrie capitaliste ».
C'est presqu'un défi que de se poser la question comment il a été possible que Marx a fermé les yeux devant cette évolution ? Il est tout à fait évident que l'euphorie du prétendu progrès a fermé les yeux de l'auteur classique devant la réalité.
Ce n'est qu'en passant que Marx critiquait le traitement brutal des ressources naturelles, mais approuve en total explicitement ou implicitement le rapport exploiteur à la nature. L'attitude d'affirmer l'exploitation des potentiels naturels par Marx avait la conséquence que le socialisme réel se distinguait peu des Etats capitalistes.
Le capitalisme d'aujourd'hui ne ménage pas plus les réserves naturelles. Malgré tous les avertissements, l'impérialisme continue sa politique de la terre brulée.
Actuellement, cet avertissement est de plus en plus urgent : l'exploitation de la nature et la destruction de l'environnement sont une forme d'autodestruction. Il est donc important de se confronter à la nature par des actions convenables.

**La moitié du ciel manque chez Marx :** Marx décrit exclusivement une société d'hommes. Dans l'ensemble de l'œuvre de Marx, la femme n'apparaît presque pas. Elle est refoulée dans le domaine de la reproduction et n'apparaît ensuite plus. Dans la salle d'accouchement du capital, elle prend en charge la progéniture des forces de travail.
Marx réduit la femme à une machine d'accouchement et à des prestations de service pour l'homme qui travaille. Elle a à prendre en charge l'élevage du renfort pour régénérer l'armée des travailleurs.

# Chapitre trente et unième.

## La question féminine. Tache aveugle de l'analyse marxienne.

**Synopse :**

1. Introduction.
2. Conditions de travail hostiles aux femmes.
3. L'analyse de la société est une discussion de la question féminine ou ce n'est pas une analyse de la société.
4. Vérification de la théorie marxienne des salaires par la discrimination des femmes.
5. L'antithèse universaliste par rapport à l'oubli de la question féminine dans l'œuvre marxienne.

La moitié de la société fut non seulement exclue des processus décisionnels, mais aussi du champ visuel du « théoricien de la révolution ». On ne peut pas excuser cela. Une partie, la minorité féminine, a dû travailler au-dessous du niveau. L'autre partie, la majorité féminine, a dû prendre en charge, sans être payée, la reproduction des hommes qui travaillent et de la progéniture du prolétariat.

**Conditions de travail hostiles aux femmes :** les postes de travail ne respectaient pas l'ergonomie de la physiologie féminine. La législation en matière de protection maternelle manquait. Les conditions de travail étaient, en général, hostiles aux femmes.
Ces phénomènes complexes auraient pu mettre en œuvre beaucoup de choses, si elles avaient été analysés et repris par la critique.

**L'analyse de la société est une discussion de la question féminine ou elle n'est pas une vraie analyse :** même si nous concédons que Marx s'est spécialisé dans l'économie politique, la question féminine n'aurait pas due manquer – sous des conditions capitalistes en vigueur aux temps de Marx. Cette lacune théorique est impardonnable.
Les marxistes défendent l'auteur classique en alléguant l'argument que Marx ne fait que constater ! Même si tel était le cas, Marx ne

serait pas justifié pour autant. Marx établit une macro-théorie, si dans celle-ci la femme manque, alors l'ensemble de la théorie tombe en déchéance.

**Vérification de la théorie salariale marxienne par la discrimination salariale des femmes :** la théorie marxienne sur le salaire dit que le salaire bascule selon la conjoncture, la demande et le besoin entre un maximum qu'il ne dépasse pas, et un minimum au-dessous duquel ne tombe pas le salaire. C'est précisément le travail des femmes qui contredit cette hypothèse. Si Marx avait pris en considération la question féminine, il avait eu la chance de faire une révision de ses travaux politico-économiques. Car le salaire féminin bascule entre zéro et un salaire conditionné par le marché de travail.

**Antithèse universaliste à l'exclusion, de la question féminine, de l'œuvre marxienne :** ce qui est décisif est le fait que les hommes qui sont contraints d'adopter un statut déterminé, ne se contentent pas du tout avec leur situation et ne se réduisent pas eux-mêmes à cette situation de contrainte. Ils luttent pour leurs revendications, et, selon le rapport des forces et les conditions de succès, ils réalisent des idées et des attentes.
Dans le capitalisme aussi, les femmes s'imposent. Elles éduquent les enfants et les hommes dans une manière qui correspond à la vision du monde et de l'avenir des femmes. Elles font avancer ainsi le mouvement de l'histoire. Les femmes ne sont pas anhistoriques – même pas lorsqu'elles sont présentées telles chez Marx.
Marx a publié un ouvrage sous le titre « Critique de l'économie politique ». Ce titre n'est pas justifié. On ne peut non plus excuser ceux qui publient les œuvres de Marx, les commentent, et n'épargnent pas de louanges, mais qui ne perdent aucune ligne où serait critiquée la critique de Marx.

# Sixième partie.
# Chapitre trente-deuxième.

## La théorie marxienne de la révolution.

**Synopse :**

1. Grave revers sur le chemin de connaissance de Karl Marx.
2. La révolution sans sujet – le concept de la « révolution sociale » chez Marx.
3. La révolution prédéterminée.
4. Critique de la théorie marxienne de la révolution.
5. Le facteur subjectif.

Grave revers sur le chemin de connaissance de Karl Marx : Marx a défini sa théorie de la « révolution » et cela de manière précise. Les idées du jeune Marx sur la révolution et qu'il a défendues à l'âge de 25 ans, il les a malheureusement rejetées au cours de l'évolution de sa théorie. Lorsque Marx a atteint les 40 ans, il était obligé de qualifier soi-même, c'est-à-dire le Marx de vingt-cinq ans, d'idéaliste. Mais malheureusement, Marx n'a jamais fait une critique des idées et opinions qu'il avait défendues dans sa jeunesse. Il n'a jamais repris les vues qu'il défendait en tant que jeune critique, et il ne les a jamais examinées de nouveau. C'est à nous de faire le travail de comparer ses idées et de constater des contradictions et incompatibilités.

Quand le jeune Marx avait 25 ans, il voyait dans les idées et la critique des grandes possibilités d'influence et une force qui a le pouvoir de changer : l'idée se matérialise et saisit les masses. Ou : l'arme de la critique ne remplace pas la critique des armes.

Quand Marx avait 40 ans, il pensait tout autrement. Au plus tard en 1857 (date de l'esquisse) il exprime dans son introduction à *Critique de l'économie politique* parue en 1859, les thèses qui vont l'accompagner jusqu'à son œuvre de maturité, *Le Capital*, et auxquelles il tenait jusqu'à sa mort en 1883.

On peut désigner l'évolution de Karl Marx comme le tournant du Marx « utopique » au Marx « économique ».

Révolution sans sujet – le concept de la « révolution sociale » chez Marx : nous sommes arrivés maintenant au théoricien mûre ou le Marx tardif. C'est sur lui que se construira le marxisme. Son concept de la révolution se présente comme suit :
L'histoire se déroule comme un processus périodiquement interrompu. Il n'y a pas d'histoire en tant que continuum. Elle est plutôt une suite de discontinuités profondes. Ces ruptures ne sont pas arbitraires ; elles surgissent selon des lois, et marquent le parcours déterminé de l'histoire.
Le concept de la « révolution sociale » est défini par et chez Marx. La révolution sociale surgit comme remplacement d'un mode de production par le suivant, respectivement d'un rapport de production par le prochain.
A
Aussi le marxisme pouvait-il déterminer le nombre des « révolutions sociales ». Il y en a trois, et ce sont les transitions historiquement définies :
La *première révolution sociale* désigne la transition de la société des propriétaires d'esclaves au féodalisme, la *deuxième* désigne la transition du féodalisme au capitalisme, et la *troisième* du capitalisme au socialisme.

La révolution prédéterminée : Marx a développé sa théorie de la révolution à partir du dogme du déterminisme historique.
Un mode de production représente une contradiction entre les forces productives et les rapports de production. La contradiction se développe et s'exacerbe jusqu'à ce que le rapport de production ne puisse plus être maintenu. Il est rompu. Chaque mode de production s'écroule par sa propre contradiction et sera remplacé par le successeur supérieur. Le processus de l'écroulement et le remplacement d'un mode de production sont désignés comme « *révolution sociale* ».
Cette vue est identique avec l'idée également marxienne de l'exploitation objective des rapports de production. En même

temps s'ouvre l'exacerbation des contradictions. C'est le point de l'histoire où murissent les conditions objectives de la révolution sociale.
La révolution sociale se passe objectivement. Il n'est pas nécessaire de la vouloir. Elle doit avoir lieu. Le matérialisme historique de Marx nomme trois moments de l'histoire où la révolution a eu lieu et a dû avoir eu lieu. Il s'agit des transitions de l'esclavage au féodalisme, du féodalisme au capitalisme, et du capitalisme au socialisme.
La révolution sociale est définie comme la contrainte de la ruine et du remplacement du vieux mode de production par un nouvel. Le renversement détermine les transitions dans l'histoire, qui obéissent au principe du « déterminisme historique ».
La liberté de la volonté de vouloir la révolution ou non, ne joue aucun rôle.
Le facteur subjectif n'est pas éliminé complètement, mais il reste de loin subordonné aux conditions objectives et il en est pleinement dépendant. Cette idée a enlevé aux actants l'initiative. Ils devaient être à l'affut du point temporel hypothétique. Aux résistants furent posées des limites de leur libre décision et de leurs possibles actions. Si Marx évoque, de manière générale, l'essor du capitalisme, alors il veut dire que le capital a accumulé et monopolisé la production de sorte qu'il s'écroule pas sa propre contradiction. « Le capital creuse sa propre tombe ».
La ruine du capitalisme par sa propre contradiction est la présupposition de la révolution socialiste, c'est-à-dire, selon Marx, de la dernière société de classes de l'humanité.
Comme dans le cas de chaque société avant lui, Marx devait exiger le plein essor du capitalisme. Les forces qui s'opposaient contre la percée du capitalisme et son plein essor, furent disqualifiées par Marx et Engels comme forces réactionnaires. Marx et Engels ont entravé chaque tentative du renversement du capitalisme, voire ils l'ont empêchée théoriquement parce qu'elle ne serait pas suffisamment mûre. Ils ont favorisé le triomphe mondial du capitalisme, du colonialisme, et de l'impérialisme.

Critique de la théorie marxienne de la révolution : Marx lie la révolution à un stade objectif sans lequel l'accomplissement de la révolution n'existerait pas. Si on renverse cette conclusion, on peut dire qu'il se fait fort avec véhémence contre des tentatives subjectives qui, selon lui, ne veulent pas attendre l'accomplissement objectif des rapports de production ; ces tentatives ne produiraient que des dommages.

Nous rejetons, en principe, la théorie marxienne de la révolution. Ce qui est correct c'est de dire qu'il va de soi que les conditions objectives ne doivent pas être ignorées. Cependant, les hommes ne leur sont pas soumis. L'intervention des hommes dans l'histoire peut ralentir ou accélérer les conditions propres d'une révolution. Ce qui importe c'est la conscience subjective. L'être objectif pose des limites qui ne sont, cependant, pas inamovibles et inébranlables.

Les idées ont une force mobilisatrice. L'acquisition d'une base dans les masses est, parfois, suffisante pour imposer des utopies réelles. Cela ne veut pas dire que ce changement des circonstances pourrait se passer sans rapport aux situations objectives requises. Ce qui est faux est d'attendre ce changement. Ce qui est correct de prouver aux masses populaires par un travail d'information et de conviction pourquoi l'on doit s'engager pour une situation globale meilleure. Des alternatives d'agir sont toujours à la disposition de l'homme historique. Celui-ci peut influencer le cours de l'histoire dans la mesure où il utilise et élargit son degré disponible de liberté. Il va de soi que des conditions objectives mettent aux hommes des limites et les lient à un facteur d'activité. Mais les conditions ne sont jamais inchangeables et insurmontables. Ainsi, des présuppositions subjectives sont en constante communication avec l'être objectif. Elles peuvent indiquer un faux ou un bon chemin. Elles peuvent se baser sur des erreurs, mais elles peuvent être changées par l'apprentissage et être purifiée. Une fausse piste peut se pétrifier, les hommes peuvent demeurer trop longtemps dans l'erreur jusqu'à ce que survienne une intuition qui la sauvera de l'erreur.

Le facteur subjectif : l'anthropologie marxienne (4). La conception marxienne de l'homme dans le contexte de sa théorie de la révolution.

Marx ne connaît pas le sujet historique. L'homme est chez lui une fonction de l'économie. Il est soumis à la loi de la valeur. La « marchandise » gouverne avec une telle prétention d'absoluité que toute autre structure sociale lui est soumise. L'homme est objectivé. Marx qui se délimite volontiers des matérialistes « plats » (« faux ») et « naïfs », a donné un sens si étroit au concept du matérialisme que le sujet y disparaît. La faisabilité de l'histoire en tant que produit des décisions humaines et des actions humaines a été éliminée. A sa place se rencontrent maintenant les lois objectives du mouvement de la production marchande comme force porteuse de l'histoire. La toute-puissance et l'omniprésence tendancielle de la production marchande ne permettent à la volonté humaine et au libre choix qu'une place tellement restreinte qu'elles tendent vers zéro.

A cet endroit, nous pouvons dessiner clairement la conception marxienne de l'homme : l'homme n'est pas le paysan, mais le fruit de l'arbre. Il est produit par le mode de production et le rapport de production correspondant. L'homme change en fonction du mode de production : il ne change pas soi-même, mais les rapports de production le changent. Sa transformation de l'esclave en travailleur salarié en passant par le serf, et de là jusqu'au terminus de l'homme libre, n'est pas une performance qui lui appartiendrait, mais seulement un aspect de l'ensemble de la production d'un mode donné de production.

Le déploiement social de l'homme n'est pas un processus vraiment humain, actif et auto-conscient de l'auto-libération. Pendant ce processus, l'homme passe une métamorphose qui est analogue au développement des instruments de production.

Ce n'est pas dans la volonté de l'homme que de vouloir l'émancipation. Celle-ci s'impose à lui. L'homme ne doit pas développer des théories et des stratégies de combat, mais il a le droit de jouir de leur résultat. Et comment ce résultat se produit-il ? Les rapports de production se développent selon des lois de l'esclavage au communisme, avec ces derniers se déploie l'homme de l'esclave à l'homme libre. De cette transformation, l'homme n'est pas la cause, mais la conséquence. A la fin de ce processus à long terme, l'homme acquiert l'émancipation pour laquelle il ne signifie rien.

# Chapitre trente-troisième.

## L'eurocentrisme.

**Synopse :**

- Sur le concept de « l'eurocentrisme ».
- Qu'est-ce que l'eurocentrisme ?
- La marginalisation du monde extra-européen.
- La conception euro-centrique chez Marx et Engels.
- Le discours scindé.

Par rapport à la question de savoir quels sont les plans de la critique que nous devons appliquer, je veux encore indiquer le point concernant l'eurocentrisme et, déduit de lui, la critique de l'eurocentrisme. Qu'est-ce que celle-ci veut dire ?

**Sur le concept de « l'eurocentrisme » :** le concept de l'eurocentrisme est relativement jeune. Il désigne la perspective d'auteurs européens qui généralisent leurs considérations sur l'Europe et les tiennent pour universelles. Dit d'une manière désinvolte, ils tiennent l'assiette devant eux pour le monde.

Nous avons développé, dans le présent, le terme de l'eurocentrisme et celui de sa critique sur plusieurs plans de sort que presqu'aucun scientifique bourgeois peut se défendre contre la critique de l'eurocentrisme. Il ne l'accepte naturellement que de façon fortement réduite, pour ainsi dire par concession.

**Qu'est-ce que l'eurocentrisme ?** L'eurocentrisme est un phénomène qui est neuf par rapport à la forme et au contenu. Encore au XIX*ème* siècle, les européens reconnurent la supériorité du sud sur le nord et le fait qu'ils lui doivent la culture, la science et la civilisation.

Ce n'est que le colonialisme qui donnait son empreinte au *Weltbild* euro-centrique : l'Europe serait l'avant-garde, le monde est à la traîne. Le présent et l'avenir du monde sont déterminés et prescrits par l'Europe.

**La marginalisation du reste du monde :** depuis lors il est devenu une habitude de pensée des auteurs européens de regarder avec du mépris le monde qui se situe à l'extérieur de l'Europe et des Etats-Unis ; ils se tiennent pour supérieurs. La conception des Indes, de la Chine, des Arabes et de l'Afrique est vulgairement réduite par les Européens. Les classiques européens reprennent ou donnent son empreinte à la conception vulgaire du monde.

**La conception euro-centrique chez Marx et Engels :** Marx et Engels reprennent le schéma, commencé par Kant et continué par Hegel, de la division du monde en la « civilisation européenne » et « l'Orient » comme étant le contre-projet de celle-là. Ils approfondissent et cimentent cette manière de pensée dichotome.
Marx a internalisé complètement la conception euro-centrique du monde, c'est-à-dire qu'il l'a reproduite sans réfléchir et sans la mettre en question, et encore moins la critiquer.

**La marginalisation du monde extra-européen et l'eurocentrisme chez Marx :** Marx, Engels et Lénine virent dans l'Europe l'avant-garde de la civilisation globale. L'Europe n'est pas la suite du développement international, mais le monde et l'histoire seraient un produit du développement européen.
L'Europe elle-même apparaît très réduite chez Marx. Il mettait l'Allemagne, et plus tard l'Angleterre, ici derechef les centres industriels, au cœur de son analyse.
La périphérie devient donc chez Marx le centre, le centre devient la périphérie. C'est une inversion. Neuf dixièmes du globe sont marginalisés, tandis que les zones marginales parasitaires sont élevées en théâtre prétendu de l'histoire mondiale.
*La fonction impérialiste de l'eurocentrisme :* ce type de propagande de mauvaise qualité devrait être deviné et récusée par n'importe quel homme qui est passablement critique. Marx marchait en plein brouillard du mythe d'Europe. Il n'a pas seulement soutenu ce mythe, il a en plus prêté à l'impérialisme européen l'apparence d'être « révolutionnaire ». Un jour quand l'Afrique sera prête, elle sera développée économiquement et politiquement par l'Europe et à la portée de la révolution, du socialisme et du communisme. Par

cette manière de penser, l'Europe est présentée comme l'avenir de l'Afrique et de l'Asie. Ainsi, Marx livrait l'Afrique, l'Asie et l'Amérique au colonialisme et à l'impérialisme.

L'auteur politique – abstraction faite de la prétention révolutionnaire – se distingue par ce qu'il est conscient du rapport au présent de sa conception de l'histoire. On a tendance de sous-estimer ou d'ignorer le rôle de Marx et d'Engels comme pionniers de l'expansion du colonialisme et de l'impérialisme.

Engels remontent beaucoup plus dans l'histoire que Marx. Il désigne les premières agressions et expéditions des Germains comme « démocratie militaire ».

Engels jauge tout autrement l'histoire allemande que celle des autres peuples, en particulier des peuples extra-européens. Engels submerge, dans l'eau purificatrice d'une fantaisie acritique, l'histoire des Germains pour les sortir des fonds baptismaux comme « démocrates militaires ». C'est une façon de circonscrire des hold-up, des spoliations et des expéditions meurtrières, alors que le même auteur ne traite pas d'une main aussi sensible les autres peuples qu'il subsume à la légère sous les termes de « sauvages » et de « barbares ». L'ethnocentrisme insupportable d'Engels et de Marx ne se conjugue avec aucun internationalisme de quelque type que ce soit.

L'expression de « démocratie militaire » est un euphémisme qui doit voiler la fonction du militarisme allemand. Il est vrai que l'expression de « démocratie militaire » s'est rapportée au stade de la genèse de l'expansion allemande, cependant elle a un rapport au présent.

A l'époque de Marx et d'Engels et dès les premiers débuts de leurs activités jusqu'à leur mort, l'Allemagne a exercé, avec la plus grande intensité, la mobilisation pour des guerres d'agression sans que celles-ci s'exprimassent convenablement dans les œuvres de Marx et d'Engels qui exercèrent le métier de journalistes.

**Le discours scindé :** ce qui est symptomatique pour l'Eurocentrisme c'est que deux phénomènes identiques sont désignés de manière différente si l'un d'eux est européen et l'autre extra-européen.

Marx et Engels emploient deux langages très différents selon qu'ils parlent de l'Europe ou du reste du monde. Ainsi, ils présentent l'Europe comme un contre-concept par rapport au reste de l'humanité. Ici, la civilisation, et barbarie là. Marx appelle les Etats européens des « puissances européennes », en revanche il appelle les Etats du Sud des « patriarcats ». Et cela, quoique Marx ait vécu lui-même dans l'Occident chrétien sous la suprématie du pape, l'incarnation du patriarcat. Marx et Engels maintiennent le discours scindé, même lorsqu'ils parlent de la résistance. Les concepts de « révolution », « soulèvement », etc. reste une chasse gardée de l'Europe, par contre est désigné le soulèvement syrien comme des « désordres en Syrie ».

Marx et Engels ne partent pas du fait que tous les hommes sont égaux. Ils ne partent pas du principe de l'égalité de tous les peuples, de toutes les cultures et de tous les Etats.

Marx et Engels s'orientent presqu'exclusivement à l'histoire européenne, mais la considèrent comme si elle était l'histoire globale. L'Europe est identifiée au monde, mais l'Europe elle-même est, selon leur conception, restreinte à quelques rares centres industriels. Une, deux ou trois villes – Athènes, Rome, Manchester – sont présentées, dans leur macro-théorie, comme panneau indicateur universel du chemin.

Marx traite, dans tous ses écrits, de l'Europe comme si celle-ci était le pionnier pour l'ensemble du globe, donc aussi par rapport à la « révolution mondiale ». L'Eurocentrisme de type marxien sera augmenté significativement par le fait qu'il attache au développement européen la révolution mondiale.

Tous les quatre auteurs classiques du marxisme – Marx, Engels, Lénine, Staline – considèrent que l'impérialisme, soit les agressions spécifiquement européennes contre les peuples du monde, est un progrès, car il débouche automatiquement dans le socialisme. Marx est devenu ainsi le fondateur de l'eurocentrisme de la révolution mondiale. Le centre réactionnaire du globe devient, par Marx, le pionnier de la libération et de l'autoréalisation. En fait, il est inouï que le siège central du militarisme, de la violence, de l'oppression, et de l'exploitation soit réhabilité, par Marx, pour être le phare de l'humanité. Marx et ses successeurs ne voient dans la soumission par l'impérialisme aucun inconvénient, mais un stade nécessaire qui est blanchi comme porte vers le socialisme et communisme.

C'est pourquoi ils affirment la domination impérialiste mondiale et blâment la résistance anti-impérialiste.

**L'eurocentrisme dans la science :** l'eurocentrisme traite l'histoire des sciences comme si elles étaient véritablement européennes. La science européenne a, en réalité, une préhistoire extra-européenne. A ce sujet, les sciences arabes jouent un rôle décisif pour la genèse de la Renaissance en Europe.
Marx et Engels qui se sont présentés avec une grande prétention à la révision de la science (Engels, Anti-Dühring) et de l'internationalisme, montrent, dans leurs écrits, le prototype d'eurocentrisme dans la science, tel qu'il ne se distingue pas beaucoup des autres chercheurs. Chez les deux auteurs, l'Europe est stylisée comme la mère des sciences. Marx et Engels ont utilisé eux-mêmes des traductions de la littérature arabe (entre autres Ibn-Khaldūn). Aucun d'eux ne mentionne, même pas une seule fois, une source arabe. Pendant un temps, Marx a visité, chaque jour, le Musée britannique parce que là se trouvait la plus grande collection de sources arabes.

## Le racisme marxien.

Marx n'a pas reconnu le principe de « l'égalité de tous les hommes » : Marx défend les variantes les plus extrêmes du racisme. Mais aussi quant à la couche sociale et à l'appartenance à une classe, Marx lie l'homme au groupe dans lequel il fut né, dans lequel il mourra, et dans lequel il devra demeurer pout toute éternité.
Si on regarde de plus près l'œuvre de Marx, alors se montrent les particularités. Marx a vu les hommes en leur ségrégation et les a condamnés de rester durablement dans leur statut de naissance. C'est comme une loi naturelle par laquelle l'homme appartient à la couche où il est né et qui lui est inscrite au front. L'homme ne peut s'échapper de ses liens congénitaux, tout comme il ne peut pas changer de couleur de peau. D'après Marx, les hommes sont divisés selon le sexe, la classe et la race. Entre les « races », les « classes », et le sexe, il y a des différences qui appartiennent à l'ordre du monde tout comme jour et nuit.

**Marx renvoie les hommes, derrière leurs barrières sociales, comme appartenant à des races, des classes, et des sexes.**

1. **Les classes :** la division en classes est aussi nécessaire au capitalisme que l'air et l'eau aux êtres vivants. Elle est aussi inéluctable que les lois naturelles pour le système écologique du cosmos. Il est vrai que Marx, tout comme nous, vivait dans une société de classes, mais les classes étaient, pour lui, liées à des différences historiques que Marx interprétait de la même manière que les lois naturelles. Cette différenciation n'est pas vue comme une division de travail volontaire et qui peut être changée, mais comme un déterminisme historique. Marx utilise un vocabulaire spécifique pour les travailleurs et qu'il n'emploie pas comme l'expression de la bourgeoisie. Exemple :
   « Le travailleur a besoin d'une quantité de vivres tout-à-fait déterminée. »
   La désignation terminologique du travailleur est, chez Marx, « *capital variable* », abrégé selon la définition : Cv avec la sous-classification :
   $$\mathbf{V, v_0, v_1, v_2}$$
   Ainsi, Marx a dépassé les capitalistes les plus méchants, car ils parlent du moins de « capital humain ». Marx s'est intéressé aux travailleurs seulement comme facteur des coûts. Sans porter du préjudice à Marx, cela est en effet l'aspect qui le préoccupait et qu'il a introduit dans son équation majeure :
   $$\mathbf{C + V + M}$$
   Quand v monte, se baisse m, et inversement. Plus de salaire signifie moins de profit. Moins de temps de travail est égal à moins de plus-value, moins de profit, moins d'accumulation. L'exigence d'un « salaire égal » est pour Marx littéralement « folle ». Certes, il n'y pas de salaire juste. Personne qui a revendiqué le salaire juste, ne l'a mis en équation avec la justice sociale. Comme chaque revendication, le mot d'ordre d'un « salaire juste » a une valeur d'orientation et fonction plutôt agitatrice.
   Marx a récusé catégoriquement les revendications du maintien de ce qu'on possède, de la couverture des coûts de vie, de l'empêchement de la baisse du salaire réel, de la compensation d'inflation, et des autres exigences légitimes des ouvriers. Nulle

part dans son œuvre, il n'appuie ces revendications, et ne serait-ce qu'il s'agît de la retraite, d'une rente pour les veuves et les orphelins, du maintien du salaire en cas de maladie, etc.
Les soucis des hommes de la classe inférieure et des groupes de revenu le plus bas ont gêné Marx, son but était le plein épanouissement du capitalisme.
Dès la parution du premier tome du *Capital* jusqu'à nos jours, les capitalistes utilisent Marx pour en tirer l'argument le plus important de leur exigences d'une minimisation des coûts et, donc indirectement, d'une maximisation du profit.

2. **Les sexes :** L'homme et la femme ne sont pas seulement biologiquement, mais aussi historiquement des êtres différents. Marx assigne les hommes qui travaillent, à la production, les femmes à la reproduction. Elles doivent prendre soin de la vie des travailleurs et leur nutrition ainsi que de la progéniture.
   Nulle part Marx ne reprend la question féminine et la division en sexes. Des exigences de mise sur un pied d'égalité et d'anti-discrimination ne trouvent pas de place dans sa théorie. Quand Marx parle des travailleurs, ceux-ci sont alors masculins.

3. **Les races :** Avec son emploi, sans réserves, de l'expression des « races », Marx laisse supposer que l'humanité est divisée en races et doit être scindée selon les races. Ainsi, Marx s'est aligné parmi les racistes.
   L'humanité est bien scindée : dans les deux sexes, les classes, les couches sociales, les cultures, les langues, les peuples, et les couleurs de peau. Il n'est pas licite d'accepter ses divisions créées par l'impérialisme et de laisser ainsi en place une stagnation de ce qui est insupportable. Il n'est pas licite d'excuser cette situation par l'affirmation selon laquelle Marx ne fait que constater les circonstances. On doit souligner comment ces scissions sont nées, qui les a initiées, quelle est leur fonction, et comment elles peuvent être surmontées.
   C'est surtout la question de savoir comment l'impérialisme reprend les différences qui existent réellement ou seulement hypothétiquement, comment il les fonctionnalise pour ses buts, et

comment il en fait un programme éducatif, les représente publiquement, et les applique en politique qui est au cœur du problème.
Cela dit, il en résulte des conséquences. La mission d'un auteur politique qui a une prétention révolutionnaire est la suivante : combattre offensivement et démonstrativement les divisions factices en tant que tâche primordiale. C'est précisément cela que Marx ne fait pas. Il s'est placé du côté opposé ; car son silence est complice. Mais cela n'est pas assez. Marx a repris la conception réactionnaire de l'homme de l'impérialisme et l'a défendue. Ce qui est le plus réactionnaire chez lui, c'est sa conception impérialiste et raciste de l'homme. Il va jusqu'à prétendre, dans son cheminement d'erreurs, que l'esclavage qui a été, à son époque, actuel et brûlant aux Etats-Unis, soit justifié. Ce n'est pas nécessaire de faire des énigmes de sa position par rapport au racisme puisqu'il a voué une série d'articles de presse au soulèvement des esclaves aux Etats-Unis.
Il va de soi pour Marx que d'un côté les hommes sont séparés selon des barrières de race, de classe, et de sexe, et que de l'autre les uns plus que les autres s'approchent de plus en plus d'un statut inhumain. Marx ne divisent pas seulement une seule fois les hommes, il les divise de plus en plus, les subdivise, et les différencie. Après les machines se placent, selon Marx, les esclaves. Ceux-ci, derechef, sont à nouveau divisés. Les femmes appartiennent à la reproduction, les hommes à la production. Il en résulte une graduation qui ne le cède en rien à la conception fasciste de l'homme.
A l'époque de Marx, la résistance des Noirs aux Etats-Unis attint une nouvelle acmé. Marx a suivi cette résistance et lui a voué quelques articles de journal dans le cadre de son activité comme journaliste. Ces articles font nettement voir sa position par rapport à la lutte de libération des Noirs. Il garda sa réserve par rapport aux revendications d'égalité et de justice. La solidarité ou un appel à la solidarité avec la lutte d'émancipation des Noirs ne se trouvent pas chez lui. Marx n'eut pas de scrupules à l'égard de l'esclavage de l'homme par l'homme. Il approuva le statu

quo aux Etats-Unis avec sa division raciste et celle en classes. Il était nettement partisan – du côté des racistes blancs.
Marx pose l'alliance raciste, des classes, des Blancs au-dessus de celle des différentes couleurs de peau.
Son racisme latent est plus dangereux que son racisme ouvert. Les plus exploités de ses contemporains, à savoir les esclaves noirs, ne trouvent pas de place dans son analyse des classes. Ils n'appartiennent même pas à sa conception de la société. Marx n'a non seulement toléré la chasse aux esclaves et la traite des Noirs, mais il s'opposait à ceux qui les combattaient.
L'esclavage était, pour Marx, une partie intégrante naturelle du processus capitaliste de production.

# Chapitre trente-quatrième.

## L'anthropologie marxienne (4). L'influence de l'économisme marxien sur sa conception de l'homme.

**Synopse :**

0. Introduction – la conception de l'homme chez Marx (en général).
1. L'homme – la marchandise « force de travail ».
2. La matière « l'homme ».
3. La machine qu'est l'homme.
4. L'homme sans sujet.
5. Il n'y a pas de l'homme, mais la société.
6. L'homme – un chiffre statistique dans le système.
7. Individu et système.
8. La classe et l'individu.
9. L'homme et sa classe. (L'homme individuel et sa couche sociale. Est-ce que l'individu disparaît dans le collectif ?)
10. Des pathologies.
11. L'homme disparaît dans la foule.

Dans les explications suivantes, nous voulons mettre l'homme au cœur de notre considération. Nous analyserons l'œuvre de Marx selon des points cardinaux de l'anthropologie.

### La conception de l'homme chez Marx.

Marx décrit un homme extrêmement réduit. Il est juste que l'homme puisse être exploité, démoralisé, et détruit dans le capitalisme. Mais cela n'est pas une raison pour que l'homme perde pour autant son humanité et son essence humaine. L'homme attend toujours le rétablissement de sa vraie humanité. C'est pourquoi il est prêt à la résistance.

L'anthropologie marxienne est, pour l'essentiel, caractérisée par les thèses fondamentales suivantes :

*La thèse essentielle* de la conception marxienne de l'homme est l'idée que l'homme est un producteur dans la société de classes selon son appartenance à une classe. La société productrice de marchandises produit rétroactivement des hommes. Elle forme l'homme de tel qu'elle en a besoin. Comme sur un disque d'argile, l'homme est fabriqué pour les besoins de la production.
Dans la société de classes, l'homme ne se développe plus, il ne s'y développe que pour ce qui est nécessaire.
Marx a rendu absolue l'économie de telle façon qu'il a compris l'homme seulement comme un aspect de la production marchande. L'anthropologie marxienne est, dans son ensemble, une projection de sa conception économique du monde sur l'homme.

1. **L'homme – la marchandise « force de travail » :** Marx désigne le travailleur salarié comme « marchandise force de travail ». Ce n'est qu'après être entré en fonction et non depuis sa naissance, que quelqu'un devient, selon Marx, une « marchandise ». Avant, la marchandise force de travail est en production.[27]

   Une contribution clef pour comprendre la conception de l'homme chez Marx sera citée littéralement :
   « La force de travail d'un homme n'existe que dans corporéité vivante. Un homme doit consommer une certaine quantité de vivres pour grandir et se maintenir en vie. L'homme est, comme la machine, sujet à l'usure et doit être remplacé par un autre homme. A part des vivres nécessaires pour son propre maintien, il a besoin d'une autre quantité de vivres pour faire grandir un certain nombre d'enfants qui vont le remplacer sur le marché de travail et qui doivent rendre éternel le genre des travailleurs. Davantage, pour développer sa force de travail et acquérir une certaine habilité, on doit dépenser une autre quantité de valeurs. Pour nos fins, il est suffisant de ne considérer que le travail moyen, dont les coûts pour l'éducation et la formation sont des grandeurs infiniment petites. Cependant, je dois utiliser cette occasion pour constater que – tout comme les coûts

[27] MEW, 16, 131.

de production pour les forces de travail de différente qualité sont donc différents – les valeurs des forces de travail employées dans différentes branches doivent être différentes. L'appel d'égalité des salaires repose donc sur une erreur, et est une aspiration non exaucée folle. Cette aspiration est le fruit de ce radicalisme faux et plat qui accepte les présupposés, mais veut contourner les conséquences. Sur la base du système des salaires, la valeur de la force de travail est fixée de la même manière que celle de n'importe laquelle marchandise ; et comme les différents genres de la force de travail ont des valeurs différentes, ainsi ils doivent obtenir des prix différents sur le marché de travail. Faire appel à une rétribution égale ou, même, juste sur la base du système salarial est la même chose que de faire appel à la liberté sur la base du système d'esclavage. »[28]
Avoir élaboré la thèse *« l'homme comme la plus importante force de travail »*, cela restera la performance spécifique de Karl Marx.

2. **La matière « homme » :** Les formulations telles que « hommes et machines » (v + c) ne sont pas, chez Marx, des exceptions. Elles sont les éléments de son arsenal de concepts qui reflète son système théorique. Dans cet arsenal conceptuel, les « hommes » et les « machines » sont résumés en tant que les deux composantes des forces productives. L'expression « homme et machine » est encore dépassée statistiquement par celle de « travailleur et machine ».
   Une machine se distinguerait, selon Marx, du travailleur par le fait qu'elle ne produit pas de plus-value. Et elle ne produit pas de plus-value parce qu'elle ne consomme pas.

3. **L'homme-machine :** Marx a incorporé pleinement l'homme travaillant dans la structure de production de telle sorte qu'il n'est que réduit à une machine biologique. L'homme pleinement mécanisé de Marx sera restreinte dans son humanité de telle sorte qu'il ne restera qu' « accessoire de machine ». Marx

[28] Karl Marx, MEW 16, Seite 131-132, *Lohn, Preis und Profit = Salaire, prix, et profit,* traduction par J. B.

dit : que le capitalisme a eu pour effet que l'homme n'est plus qu'une petite vis ou petite roue dans une immense machine de production.

4. **L'homme sans sujet :** Marx désubjectivise et cela de façon inégale. Dans la société de classes, l'homme n'existe pas en général, mais il n'y existe que l'antagoniste. Cependant, le porteur de la conscience politique et de la superstructure idéologique est, dans la société capitaliste, la bourgeoisie. La philosophie, la science, et l'art sont des produits de culture bourgeois. Le prolétariat est, selon Marx, une « classe en soi » dans la société bourgeoise. « Le travailleur [est] lui-même une marchandise »[29].

5. **Selon Marx : il n'y a pas d'homme, mais la société :** *« L'homme est le plus littéralement un* zoon politikón *(animal social, être social, K.K.), non seulement un animal sociable, mais un animal qui peut s'isoler seulement dans la société. »*[30]

6. **L'homme – un chiffre statistique dans le système :** l'homme individuel est, pour Marx, un chiffre anonyme de la classe :
   « La production de l'individu isolé à l'extérieur de la société – une rareté qui peut bien arriver à un civilisé se retrouvant par hasard dans une région sauvage et qui possède déjà dynamiquement les forces sociales – est une absurdité telle que le développement du langage sans individus qui vivent et parlent l'un avec l'autre.[31] »
   La critique de cette constatation de Marx, est valable relativement, non absolument. Les exemples qu'il utilise, trompent, car Marx veut au fond nier totalement les individus.
   L'homme n'est, selon Marx, qu'une figure anonyme dans le système. La subjectivité et l'individualité de l'homme dispa-

---

[29] Karl Marx, *Manuscrits économico-philosophiques,* (1844), *édition* allemande, Seite 103.

[30] Karl Marx, *Introduction à la Critique de l'économie politique,* (1857-1858), in: MEW 13, Seite 616 s.

[31] Karl Marx, *ibidem.*

raissent chez lui. L'individu n'est, selon lui, que l'exemplaire particulier de la foule. L'homme qui travaille, est une copie du travailleur total idéel.

Ce que nous en pensons est le suivant : Marx ignore le fait que chaque homme perçoit la réalité en tant qu'homme particulier et la réalise à sa manière individuelle. La socialisation est un acte spécifique de l'individu. Chacun existe non seulement en fonction de sa classe, mais aussi en tant que sujet particulier. L'explication du monde ambiant et de la société est faite par l'homme non seulement dans le cadre du collectif, mais aussi en tant que grandeur individuelle. L'intégrité de l'homme fait, en tout, ses preuves en tant qu'individu et non seulement en tant qu'intégré dans un groupe.

Les expériences, le travail du vécu, les réflexions, et les connaissances sont, certes, des processus supérieurs, mais ils sont perçus et appropriés individuellement. Le consentement aux contenus de la conscience et leur réception et l'opposition à eux conduisent à la différenciation individuelle de l'homme jusqu'aux degrés très importants. L'apprentissage spécifiquement humain se fait en un processus individuel d'autodétermination.

C'est la raison pour laquelle les pédagogues – hommes et femmes – doivent respecter la différenciation intime des élèves dans leur enseignement et leur didactique.

*L'identité* et *la subjectivité* se gravent d'abord, dans la conscience, en tant que processus individuels. Ceux-ci sont les présupposés pour une identité de classe, qui est choisie librement. Ils peuvent se manifester positivement et négativement même dans la trahison de la classe.

La communauté *consciente* se compose de personnalités *conscientes*, et individuelles. Celles-ci forment le profil librement choisi de la communauté.

7. **Individu et système :** Marx part, de manière principielle, de la thèse fondamentale selon laquelle les producteurs n'ont d'autre choix que de jouer le rôle qui leur est prescrit par les rapports de production.

Marx a classé son époque comme « capitalisme ». C'est une erreur fondamentale. Il s'agit d'impérialisme et non de capitalisme. A l'exception de l'oligarchie impérialiste, les hommes sont – activement ou passivement – anti-impérialistes.
A part cela, je ne peux pas admettre que les producteurs se rendent au système sans rien faire. La majorité de la population mondiale développe des alternatives et crée des utopies réelles. Même dans les Etats impérialistes, les hommes ne se rendent pas au système sans rien faire.

8. **Classe et individu :** Ce qui est fondamental pour la conception marxienne de l'homme, c'est la conclusion selon laquelle Marx ne voit pas l'homme, mais l'homme défini spécifiquement par la classe. L'individualité se perd complètement chez Marx.
Ce fait est la cause de ce que la psychologie individuelle était beaucoup plus en retard que dans l'Occident.
Ma critique n'est pas une inversion, mais un complément de cet énoncé. Celui-ci veut dire le rétablissement de la dialectique entre individu et collectif. Il va de soi que l'homme n'est jamais indépendant de la classe dans une société de classes. Dans la société scindée, l'homme est soumis aux conditions de sa classe.
Il reste que l'individu s'approprie d'une manière spécifiquement individuelle la réalité. Il est marqué par des expériences individuelles et par des vécus qui l'accompagnent dès la petite enfance jusqu'à la vieillesse. Ces facteurs et encore d'autres mènent à un développement particulier de la personnalité qui, elle, est toujours marquée par des traits individuels propres. L'homme (A) de classe et l'homme (B) de classe ne sont jamais complètement identiques.

9. **L'homme et sa classe, l'individu et sa couche sociale. L'individu disparaît dans le collectif.**
***Position du problème*** : comment est le rapport entre l'homme particulier et son attribution à une classe spécifique ? Est-ce que l'individu se perd dans le collectif ?

***Solution du problème*** *:* la nécessité du rapport dialectique entre « individu » et « classe ».

***Critique et correction*** **:** Ma critique se dirige contre la position de Marx. Celui-ci fixe l'homme, de manière adialectique, aux barrières de classe. Davantage : Marx ignore l'individualité de l'homme, et qui ne disparaît pas par l'appartenance à une classe.

Marx critique dans son commentaire sur Feuerbach, que l'expression « homme » est une notion générique (dans la « Sixième thèse »). Cette critique de Feuerbach est, il est vrai, justifiée, mais les conséquences que Marx en tire, ne sont pas satisfaisantes. Plus tard, Marx remplace la notion générique par la « notion de classe » et manque à la chance de critiquer dialectiquement Feuerbach. Les deux auteurs – Marx et Feuerbach – nient l'individualité. Marx va encore plus loin que Feuerbach, car il ignore non seulement l'individualité, mais aussi la subjectivité de l'homme.

Inversement, on doit constater que le comportement de la classe doit être compris comme la somme des points de vue individuels. Le collectif est marqué tant l'appartenance à une classe que par les multiples individus qui la forment.

**Je veux dire du point de vue universaliste :** La notion « genre » est, en fait, impropre à caractériser l'homme marqué par la société et l'histoire. L'homme ne peut pas être soumis à des fins analytiques. L'homme doit être considéré dans son appartenance à son groupe social, en dépendance de sa position de classe et de sa situation spécifiquement historique.

**10. Les pathologies :** Parmi les taches aveugles compte, chez Marx, la question des pathologies causées par le système. De l'analyse de l'ensemble de son œuvre résulte que ce n'est que logique si Marx ignore la question des pathologies dans l'impérialisme. Autant que cette problématique est brûlante pour ceux qui en sont concernés, autant elle manque complètement chez Marx.

Il y a ici également un rapport réciproque entre les pathologies de l'individu et celles du système. Les pathologies de l'individu et celles de l'impérialisme sont identiques et reçoivent dans un cas une empreinte individuelle et dans l'autre une empreinte systémique. Nous ne nommons que la destructivité, l'agressivité, la toxicomanie, et le suicide, ceux-ci soient mentionnés comme exemples. Les pathologies du micro-impérialisme et du macro-impérialisme se renforcent l'un l'autre. C'est pourquoi la thérapie d'un individu ne peut, dans les conditions d'un système impérialiste, s'effectuer que symptomatiquement, de manière palliative, ou – non pas rarement – elle peut être nocive.

11. **L'homme disparaît dans la masse :** L'idée de l'homme de foule, qui disparaît dans le collectif où il est entré par naissance, ne cesse de se faire remarquer dans l'ensemble de l'œuvre de Marx. Marx nie une forme individuelle d'existence. C'est de lui que vient l'idée d'un homme totalement collectivisé, et qui est dissolu anonymement dans une masse, cette conception fait partie des pensées fondamentales de l'anthropologie marxienne :
« Plus nous remontons dans l'histoire, plus l'individu apparait comme dépendant l'individu, et partant aussi l'individu producteur, et comme faisant partie d'un tout plus grand : d'abord en une manière tout naturelle dans la famille et la famille qui s'élargit en tribu ; plus tard dans la communauté, dans ses formes diverses, issue de l'opposition et la fusion des tribus. »[32]
L'homme en tant qu'expression d'une identité personnelle et qui réalise avec autonomie le monde et veut mener une vie autodéterminée selon le degré de liberté qui lui est propre, cet homme est complètement ignoré par Marx.
J'en commente : dans les sociétés traditionnelles, il reste également à l'individu une liberté de pensée, d'action, d'opposition, et de résistance. Sinon l'évolution historique serait impensable. Dans chaque groupe social, l'homme aspire à maintenir sa propre autonomie et à élargir son degré de liberté.

---

32 MEW, 13, 616.

Pour Marx là-contre, l'individu n'est que l'exemplaire d'une matrice et qui se laisse multiplier en une foule en tant que famille, tribu, couche, classe, collectif, communauté ou quoi que ce soit.
A cette conception rigide marxienne de l'homme revient la culpabilité pour le manque, dans le socialisme réel, d'une psychologie individuelle qui aurait tenue debout, manque causé par l'anthropologie marxienne.

**Le comportement humain :** le comportement individuel et le comportement social sont des fonctions de sa position sociale et de sa situation propre, personnelle. Marx rend absolue la domination de l'économie sur l'homme tant comme espèce que comme individu. (Marx écrit, en règle générale, « le » ouvrier et non « les » ouvriers.)
Marx ne reconnaît pas de libre arbitre. L'agir est toujours précédé par une décision personnelle qui est prise par chacun pour soi.

**L'aliénation :** *l'aliénation* est l'état de l'homme dans la société de classes. Elle naît de la propriété privée des moyens de production, et qui conditionne l'antagonisme dans la société. L'antagonisme des rapports de production se répercute dans les hommes.
L'aliénation est considérée, dans un sens plus strict, chez Marx comme une conséquence de la séparation de l'homme d'avec les moyens de production à la suite du travail salarié du capitalisme. Dans les sociétés précapitalistes – dans l'esclavage et le féodalisme –, les producteurs vivaient au même endroit que les moyens de production, à savoir sur le sol agraire.
L'interprétation marxienne de l'aliénation en tant que suite de la séparation des producteurs d'avec les moyens de production appartient sûrement aux considérations fondamentales que nous nous faisons aujourd'hui aussi par rapport à l'étiologie, la genèse, et le développement du phénomène d'aliénation, mais elle n'est pas suffisante. D'autres facteurs sociologiques et psychologiques doivent compléter la thèse économique de l'aliénation, présentée par Marx.

**Où est, au fond, l'homme chez Marx ?** Marx répondrait à cette question comme suit : la vraie histoire de l'humanité n'a pas encore commencée. Elle ne commencerait, selon lui, que si sa préhistoire sera terminée. Marx fonde cette thèse en définissant l'homme comme produit des rapports de production. Seulement si les modes de production antagonistes seront remplacés par la société sans classes, leur préhistoire prendra fin. C'est alors que, selon lui, la vraie histoire des producteurs commencerait.

Marx se montre très anhistorique par cette thèse. Il fournit une conception anhistorique de sa propre histoire. Son mode de voir les choses est totalement anhistorique. S'il désigne les développements antérieurs avec leurs luttes, performances, et acquis comme « préhistoire », alors il ne comprend pas ce qu'est l'histoire. Pendant des millénaires, l'homme est en train de faire de l'histoire : consciemment et dans un but bien précis. L'homme connaît des échecs et des victoires. Les échecs sont transformés par lui en victoires. Il n'y a pas d'histoire que l'homme n'aurait pas faite.

Depuis des millénaires, l'homme est le créateur de soi-même.

Le point de vue marxien condamne l'homme à être un être sans sujet et sans histoire. Marx a compris purement mécaniquement la lutte des classes, puisque celle-ci se passe « indépendamment de la volonté humaine ». L'homme est ramené aux rapports de production.

Ce point de vue est déduit, par Marx, de sa compréhension du matérialisme. La vie spirituelle de l'homme n'est plus qu'une superstructure de la base, et non inversement. La base, le fait de rendre absolue l'économie prennent charge l'évolution et conduisent l'homme préhistorique, donc la propre génération de Marx, à l'homme historique qui n'apparaîtra que dans le communisme.

L'homme proprement dit, sa créativité, sa force de réalisation, son pouvoir créateur, et la faisabilité de l'histoire sont effacés par Marx.

Nous opposons brièvement à la thèse de Marx : l'homme est le créateur de soi-même, de sa société, et de son histoire.

## Les hommes sous l'impérialisme.

Marx a diagnostiqué son époque comme « capitalisme », et non comme « impérialisme ». C'est sûrement une erreur.
Marx considère le capitalisme comme le plus grand progrès de l'histoire antérieure, progrès qui ne sera dépassé que par le socialisme.
Marx se trompe plusieurs fois. Certes, le capitalisme apporte de machines plus modernes, qui sont, pour Marx, un argument en faveur de sa croyance dans le progrès. Les machines modernes causent un niveau plus élevé de formation chez les travailleurs. Cette manière de voir les choses est myope. Certes, les ingénieurs et les ouvriers qualifiés doivent avoir suivi des cours de formation. Ceux-ci sont, en règle général, restreint au strict minimum. La masse des ouvriers est choisie parmi les ouvriers spécialisés ou non spécialisés. Dans les sociétés précapitalistes, le savoir était plus large comparé au niveau du développement. Le capitalisme a détruit beaucoup de know-how. L'artisanat perdit en importance. Cette tendance se renforce à l'ère digitale.
Pour ceux des ouvriers qui sont devenus victimes de l'exploitation impérialiste, la partialité de Marx se réduit à une pure rhétorique. Il récuse par principe d'intervenir dans le processus de travail. Pour lui, les ouvriers étaient, comme il l'accentue, des ouvriers, c'est-à-dire « seulement » des ouvriers. Leur tâche était de travailler et de produire, et ils ne devaient pas exiger une compensation salariale. En revanche, ils devaient travailler au plein épanouissement du capitalisme. Ils auront ensuite un meilleur sort dans le socialisme. La prophétie futurologique devait détourner des peines et souffrances quotidiennes actuelles. Marx admet que, pour le présent, c'est-à-dire pour la quotidienneté capitaliste, les exploités continuent à être exploités. Les sous-privilégiés doivent se contenter de leur sort, les soumis accepter leur soumission. Le statu quo n'est, en somme, pas questionné puisque le capitalisme est historiquement nécessaire avec tout ce qu'il comporte.
C'est une erreur de lire Marx comme si celui-ci avait exigé le renversement de la société et le bouleversement fondamentale de la structure sociale. A y voir de plus près, on constate que Marx voulait

abandonner ce changement au développement autonome des rapports de production. Les conditions d'ici et de maintenant doivent, selon lui, être acceptées telles qu'elles sont données. Le socialisme est une vision d'avenir qui se réalisera quand les rapports objectifs auront mûris. C'est pourquoi Marx polémiqua si impitoyablement contre des mouvements qui revendiquent des changements en tant que nécessité actuelle. Je nomme deux sources qui concernent cette question pour faire preuve des points de vue, ici présentés.

a. L'une des sources est l'écrit de Karl Marx *Salaire, prix, et profit*[33] que nous avons commenté en détail à un autre endroit[34].
b. L'autre source est la lettre de Marx adressée à P. W. Annenkow.

**ad a. *Salaire, prix, et profit* :** dans cet écrit, Marx exhorte démonstrativement les ouvriers, et nommément « L'Internationale » d'accepter le capitalisme tant dans son ensemble que dans le détail. Il n'est pas exagéré de reprocher à Marx l'hostilité aux ouvriers et l'amabilité envers le capitalisme.

33 MEW, tome 16.

34 Karam Khella, *La Réalité inventée*, tome 2 de notre trilogie critique de Marx, Hambourg, 2007.

# Sixième partie.

# Chapitre trente-cinquième.

## La théorie marxienne de la révolution.

**Synopse :**

1. Grave revers sur le chemin de connaissance de Karl Marx.
2. Révolution sans sujet. Le concept de la « révolution sociale » chez Marx.
3. La révolution prédéterminée.
4. La critique de la théorie marxienne de la révolution.
5. Le facteur subjectif.

**Grave revers sur le chemin de connaissance de Karl Marx :** Marx a défini et précisé sa théorie de la révolution. Les idées, du jeune Marx de vingt cinq ans, sur la révolution, il les a rejetées au cours du procès de sa formation théorique. Lorsqu'il avait atteint l'âge de 40 ans, il devait se déqualifier soi-même et se thèses de jeunesse, qu'il considérait alors comme « purement idéalistes ». Le Marx tardif n'a lamentablement jamais discuté ses idées et conceptions de jeunesse, il les simplement ignorées. Il n'a jamais repris les vues qu'il défendait en tant que jeune critique, et il ne les a jamais révisées d'un point de vue critique vis-à-vis de soi-même. C'est à nous de comparer ses expositions et de constater les contradictions et les incompatibilités.

Le jeune Marx qui avait à peine 25 ans, voyait dans les idées et la critique, de grandes possibilités d'influence et une force qui change le monde : l'idée se matérialise et saisit les masses. Ou : l'arme de la critique ne remplace pas la critique des armes.

Le Marx quadragénaire pensait tout différemment. Il exprime, au plus tard en 1857 – date de l'esquisse de l'introduction à la *Critique de l'économie politique,* parue en 1859 –, les thèses qui l'accompagneront jusqu'à son œuvre de maturité, *Le Capital*, et qu'il maintiendra jusqu'à sa mort en 1883.

On peut circonscrire le développement du chemin de connaissance de Karl Marx comme un tournant du Marx « utopique » au Marx « économique ».

**Révolution sans sujet – la notion de la « révolution sociale » chez Marx :** nous nous trouvons maintenant auprès du théoricien mûre ou chez le Marx tardif. C'est sur lui que se construit le marxisme. Son concept de révolution se présente comme suit :
L'Histoire est un processus périodiquement interrompu. Il n'y a pas d'histoire en tant que continuum. Elle est plutôt une suite de discontinuités profondes. Ces ruptures ne sont pas arbitraires : elles se manifestent selon des lois et marquent le parcours déterminé de l'histoire.
Le concept de la « révolution sociale » est défini chez Marx. La révolution sociale a lieu comme remplacement d'un mode de production par le mode suivant, respectivement d'un rapport de production par le suivant.
Aussi le marxisme a-t-il pu déterminer numériquement le nombre de « révolutions sociales ». Il y en a trois, à savoir les transitions historiquement définies : *la première* révolution sociale désigne le passage de la « société des propriétaires d'esclaves » au « féodalisme » ; la *deuxième* du « féodalisme » au « capitalisme » ; la *troisième* du « capitalisme » au « socialisme ».

**La révolution prédéterminée :** Marx a développé sa théorie de la révolution à partir du dogme du déterminisme historique.
Un mode de production présente une contradiction entre les forces productives et les rapports de production. La contradiction se développe et s'aiguise jusqu'à s'exacerber de sorte que le rapport de production de peut plus être maintenu. Celle-ci est brisée. Chaque mode de production se ruine par sa propre contradiction et est relayé par son successeur supérieur. Le processus de la ruine et le relève d'un mode de production sont désignés comme « *révolution sociale* ».
Cette manière de voir les choses est identique à la conception également marxienne de l'épuisement objectif des rapports de production. En même temps s'actualise l'exacerbation des contradictions.

C'est le moment de l'histoire où mûrissent les conditions objectives de la révolution sociale.
La révolution sociale est objectivement installée. On ne doit pas la vouloir. Elle doit avoir lieu. Le matérialisme historique de Marx nomme trois moments de l'histoire où la révolution a eu lieu et devait avoir eu lieu. Ce sont les transitions de l'esclavage au féodalisme, du féodalisme au capitalisme, et du capitalisme au socialisme.
La révolution sociale est définie comme la contrainte d'une ruine et d'une relève du vieux mode de production par un nouveau mode de production. Le renversement détermine, dans l'histoire, les transitions qui obéissent au principe du « déterminisme historique ».
Le libre arbitre, vouloir la révolution ou non, ne joue aucun rôle.
Le facteur subjectif n'est, certes, pas mis complètement hors circuit, mais il reste de loin subordonné par rapport aux conditions objectives et il en est entièrement dépendant. Cette conception a enlevé aux hommes qui agissent politiquement, l'initiative. Ils devaient attendre le moment hypothétique. Des limites furent imposées aux résistants, limites qui leur interdirent de se décider et d'agir librement. Si tant est que Marx aborde l'essor du capitalisme, c'est pour dire que le capital doit accumuler et monopoliser la production jusqu'à ce qu'il s'effondre par sa propre contradiction : « Le capital creuse sa propre tombe ».
L'effondrement du capitalisme par sa propre contradiction est la condition préalable de la révolution socialiste qui, selon Marx, est la dernière société de classes de l'humanité.
Comme dans le cas de chaque société antérieure, Marx devait tout simplement exiger le plein épanouissement du capitalisme. Les forces qui se tournaient contre la percée du capitalisme et de son évolution plénière, étaient même disqualifiées de réactionnaires par Marx et par Engels. Marx et Engels ont entravé chaque essai de faire un renversement révolutionnaire du capitalisme, voire empêché en théorie parce que celui-ci n'était, selon eux, pas mûre. Ils favorisèrent à dessein le triomphe mondial du capitalisme, du colonialisme, et de l'impérialisme.

**Critique de la théorie marxienne de la révolution :** Marx lie la révolution à un stade objectif sans l'accomplissement duquel la révolution ne pourra pas avoir lieu. Il faisait, *a contrario*, de son mieux pour que les essais subjectifs qui ne veulent pas attendre l'accomplissement des rapports de production, échouent ; ces essais ne sont que nocifs.

Nous récusons, par principe, la théorie marxienne de la révolution. Ce qui est correct est le suivant : certes, on ne doit pas ignorer les conditions objectives. Les hommes ne sont pourtant pas à leur merci. L'intervention des hommes dans l'histoire peut ralentir ou accélérer les présuppositions proprement révolutionnaires. Ce qui importe c'est la conscience subjective. L'être objectif pose des limites qui ne sont cependant pas inchangeables et inébranlables.

Les idées ont une force mobilisatrice. L'acquisition d'une base populaire est, le cas échéant, suffisante pour imposer des utopies réelles.

Ceci ne veut pas dire que ce changement des circonstances serait alors sans liaison aux rapports objectifs. Il est faux d'attendre le changement. Il est correct de prouver aux masses par un travail d'information et de conviction pourquoi on doit lutter pour des circonstances meilleures.

L'homme historique a toujours le choix d'alternatives de l'agir. Il peut influencer le cours de l'histoire dans la mesure où il exploite et agrandit son propre degré de liberté. Des conditions objectives posent naturellement aux hommes des limites et fixent ainsi le facteur d'activité. Ces limites ne sont pourtant pas à jamais inchangeables ou insurmontables. Ainsi, des présuppositions subjectives sont en constante corrélation avec l'être objectif. Elles peuvent accélérer ou ralentir l'évolution historique. Elles peuvent indiquer un chemin erroné ou un chemin correct. Les hommes peuvent faire des erreurs ; mais ils peuvent en tirer des leçons et les corriger. Une fausse piste peut se cristalliser, les hommes peuvent se maintenir trop longtemps dans l'erreur avant qu'ils ne rendent à la raison qui les sauve de l'erreur.

## Le facteur subjectif.

### L'anthropologie marxienne (4).

**La conception marxienne de l'homme dans le contexte de sa théorie de la révolution :** Marx ignore le sujet historique. L'homme est, chez lui, une fonction de l'économie. Il est soumis à la loi de valeur. La « marchandise » gouverne avec une telle prétention à l'absoluité que chaque autre structure sociale lui est soumise. L'homme est objectivé. Marx qui n'aime que trop de se délimiter des matérialistes « plats » (« faux ») et « naïfs », a donné une empreinte si étroite au concept du matérialisme que le sujet disparaît. La faisabilité de l'histoire comme produit des décisions humaines et de l'agir humain a été éliminée. Par contre, la faisabilité de l'histoire est remplacée par les lois objectives du mouvement de la production marchande comme force propulseur de l'histoire. La toute-puissance et l'omniprésence tendancielle de la production marchande laissent à la volonté humaine et au libre arbitre si peu d'espace que ceux-ci tendent dans leur degré d'efficience vers zéro. A cet endroit, nous pouvons décrire concrètement la conception marxienne de l'homme : l'homme n'est pas le paysan, mais le fruit de son arbre. Il est produit par le mode de production et le rapport de production correspondant. L'homme change en fonction du mode de production : non pas qu'il se change lui-même, mais les rapports de production le changent. Sa transformation qui commence comme esclave pour aboutir à l'homme libre en passant par le servage et le travailleur salarié, n'est pas le résultat de sa propre performance, mais elle n'est qu'un aspect de l'ensemble de la production d'un mode de production donné.

L'essor social de l'homme n'est pas un processus vraiment humain, actif, auto-conscient de l'auto-libération. Pendant ce processus, l'homme passe par une métamorphose – en analogie au développement des instruments de production.

Ce n'est pas du ressort de la volonté humaine que de vouloir l'émancipation. Celle-ci va à son encontre. L'homme ne doit pas développer des théories et des stratégies de lutte, mais il a le droit d'en avoir la jouissance. Et comment ce résultat se produit-il ? Les rapports de production se développent, selon des lois, de l'esclavage au communisme et, avec elles, il se développe de l'esclave à l'homme libre. L'homme n'est pas la cause de cette transformation, mais son produit. A la fin de ce processus des ondes longues, l'homme acquiert l'émancipation – émancipation pour laquelle il n'existe pas.

# Septième partie.

# Chapitre trente-sixième.

## La praxis.
## Les conséquences de la théorie marxienne pour la praxis et les antithèses universalistes.

**Synopse :**

1. Introduction.
2. Le déterminisme historique est hostile à la praxis.
3. La faisabilité de l'histoire.
4. Marx – le théoricien de la lutte des classes ?
5. La « révolution sociale ».
6. Universalisme contre le « déterminisme historique ».

1. **Introduction :** la praxis est un agir spécifiquement humain. La praxis consciente est la conséquence immédiate de l'auto-compréhension. Celle-ci est une déduction de la propre conception de l'homme.
   La compréhension de la praxis se déduit immédiatement et en général de la conception de l'homme, et en particulier de la propre auto-compréhension.
   C'est la raison pour laquelle l'anthropologie acquiert la position centrale dans la théorie universaliste de connaissance.
2. **Le déterminisme historique est hostile à la praxis :** Marx était complètement obsédé par l'idée du physicalisme et de l'objectivisme du cours historique. L'histoire se déroule, selon lui, de manière autogène en raison du dynamisme des rapports de production.
   C'est sur cette idée qu'est basé le dogme du « déterminisme historique ». L'histoire ne suit pas les souhaits humains, mais inversement. L'homme suit le changement conditionné par l'histoire. La suite des modes de production est une nécessité historique, c'est-à-dire qu'elle est inéluctable.

On reconnaît combien sont ancrée ces suites de pensée dans le marxisme, entre autres, par le fait que le « Déterminisme Historique » fut édité en U.R.S.S. en 1928.
L'universalisme oppose au « déterminisme historique » la faisabilité anthropogène de l'histoire.

3. **La faisabilité de l'histoire :** Marx désubjectivise l'homme. L'homme est, chez lui, un objet des rapports de production et du développement de leur contradiction. Ce n'est pas l'homme qui fait l'histoire, mais le mode de production. La production est porteuse de la base historique. C'est à elle que l'homme appartient en tant que producteur, c'est-à-dire en tant que partie des forces productives – qui consistent, selon Marx, d'hommes et de machines.
Les hommes sont, dans le marxisme, privés de la faisabilité de l'histoire. Non pas les hommes, mais les rapports de production sont les faiseurs d'histoire. Les rapports de production meuvent, de manière autonome, le processus historique. Ils produisent, dans chaque stade historique, le type d'homme, qui leur correspond. La première société de classes produisit l'esclave, le féodalisme le serf, le capitalisme le travailleur salarié.
La théorie universaliste de l'histoire réhabilite l'homme en tant que sujet historique et porteur de l'évolution.
L'antithèse universaliste à Marx est la suivante : « L'histoire est anthropogène ». L'homme est responsable de l'évolution dans le sens positif et dans le sens négatif.
D'autre part, l'homme n'est pas seulement sujet de l'histoire, mais aussi son objet. Son agir se retourne contre lui. Si le processus est introduit, il crée des conditions objectives, qui participent aux évolutions.
Cependant, l'homme ne perd jamais, selon le point de vue universaliste, sa liberté de mouvement. Les pas introduits par des hommes, peuvent restreindre le propre degré de liberté, ou alors l'agrandir. Il existe, en tout cas, une liberté de mouvement. Les erreurs peuvent être corrigées. Il reste toujours une prise d'influence sur le cours de l'histoire.
L'impérialisme est un tel processus que les hommes n'ont pas empêché de naître pour devenir bientôt eux-mêmes ses victimes.

4. **Marx – un théoricien de la lutte des classes ?** La légende a fait de Marx un théoricien de la lutte des classes. Ce mythe doit reposer sur une erreur fondamentale de lecture des écrits de Marx.
**La « classe en soi » et la « classe pour soi » de Marx :** la « révolution prolétarienne » apparaît, devant l'arrière-fond de sa conception de l'homme, comme une farce. Marx souligne, certes, « le travailleur en soi » dans le capitalisme, et le « travailleur pour soi » dans le socialisme, mais le dernier n'est qu'un produit du développement technologique, et non pas d'un vrai processus anthropogène de conscience.
« Travailleur en soi » est, dans le contexte marxien, différent d'un homme qui agit de manière apolitique. Son évolution est plutôt avancée au point que le lui permet l'état de la technique.
« L'homme pour soi » est redevable de son mûrissement au progrès technologique.
**La lutte des classes chez Marx :** l'exposition idéologique du marxisme présente Marx comme un défenseur de la théorie de la lutte des classes. Cette affirmation est erronée. Si on analyse de plus près et du point de vue herméneutique, l'ensemble de l'œuvre de Marx, on voit que Marx a compris par la lutte de classe quelque chose de plus spécial que ce que les lecteurs projettent, sans réfléchir, dans le texte, à savoir leur propre désir.
Marx était, par principe, contre les luttes de travail. Pour comprendre cela, il suffit de lire *Salaire, prix, et profit*. Marx argumente passionnément ici et ailleurs, contre l'intervention intentionnelle des hommes dans le processus – selon Marx – logique, obéissant à des lois, de la production. Ce processus est une étape du parcours finaliste de l'histoire.
« La lutte des classes » est une notion que Marx utilise avec une extrême parcimonie.
Qu'est-ce que c'est que la lutte des classes chez Marx ? Il n'en comprend pas la décision délibérée des masses de producteurs et leur résolution subjective d'améliorer, à court terme, leurs conditions de vie et d'imposer leurs revendications tarifaires, et, à long terme, de créer activement la société humaniste et l'homme nouveau.

Voila : Marx ne comprend justement pas par la lutte des classes ce qu'on pourrait admettre légitimement quand on parle de la « lutte des classes ».
Il se pose, par conséquent, la question de savoir ce que Marx a bien compris par la lutte des classes. Sa conception de la lutte des classes peut très bien être comparée à la configuration nucléaire. L'antagonisme des classes est analogue à la polarité d'électrons et de protons. En fait, Marx était complètement emballé par le physicalisme. Le positivisme et l'objectivisme attinrent, à son époque, une grande fascination et donc de la puissance sur la pensée de beaucoup de scientifiques européens. Ceux-ci mirent sur le même plan la science et le physicalisme.
Pour Marx également, le changement s'accomplit objectivement, non subjectivement. Marx a une démarche qui respecte les lois, à savoir que le changement est incrusté dans l'histoire. Marx va aussi loin que de dire que l'intervention délibérée dans le processus historiquement déterminé, est un facteur dérangeant. Il critique de telles actions et mesures politiques qui pourraient influencer le cours de l'histoire parce qu'elles dérangeraient le cours historique que Marx prend pour déterminé.
C'est pourquoi la lutte consciente est nommée « volontarisme », « arbitraire » et elle est extrêmement nocive.
Pour comprendre la notion de lutte des classes chez Marx, nous devons partir de sa compréhension de l'histoire. Il y a un rapport de production entre les deux classes basales de la société, d'un côté les propriétaires de moyens de productions, et de l'autre les producteurs. C'est le développement de ce rapport de production qui commande le processus historique. Le rapport de production est donc le principe déterminant pour tous les mouvements de la société. Il est objectif parce qu'il constitue la « base ». Il en résulte un changement dialectiquement conditionné qui est, de son côté, objectif.
La lutte des classes est, chez Marx, un rapport polaire entre deux classes antagonistes. Cet antagonisme est objectif, non subjectif, parce qu'il est établi dans le processus de production, plus précisément dans le rapport de production. La lutte des classes se développe avec autonomie jusqu'au point d'éclatement du rap-

port de production existant (= « la révolution sociale »). A cet endroit, il y a un renversement. Le nouveau rapport de production est né.

**Marx se trompe !** L'homme est, dans le capitalisme, anticapitaliste. Marx y consentira. Mais l'opposition n'est pas pour autant soulevée. Car la lutte des classes reste, chez Marx, immanente au système. Elle ne nait pas de l'esprit humain, mais du rapport de production. Elle n'est pas motivée subjectivement, mais conditionnée objectivement.

**5.** *« La révolution sociale » :* la relève d'un rapport de production par le suivant est désignée, par le marxisme, comme « révolution sociale ». La suite des rapports de production ne s'accomplit pas en raison des délibérations et décisions humaines. Elle est objective et conditionnée d'une manière déterminée. Ce qui s'est produit dans l'histoire de l'humanité, n'aurait pas pu se produire, mais devait se produire. Ceci est valable tant pour le passé que pour l'avenir.

« Le vieux rapport de production couve le nouveau rapport de production » (ainsi le dit Marx).

L'éclatement du vieux rapport de production et sa relève par un nouveau – donc la « révolution sociale » – se réalise, en autonomie, en raison d'un dynamisme propre (déterminisme historique).

## Anthropologie marxienne (4).

## La conception de l'homme de Marx dans le contexte de sa théorie de la révolution.

– Sujet historique.
– Sujet révolutionnaire.
– Qui est-ce qui fait l'histoire ?
– Qu'est-ce que c'est que le sujet révolutionnaire ?

Le sujet révolutionnaire, ce sont, selon Marx, les lois de la production. Les rapports de production produisent non seulement des marchandises, mais aussi des hommes. Les rapports de production produisent, selon Marx, aussi l'histoire. L'homme n'est pas le sujet de l'histoire, mais son objet. Le cours impitoyable et qui obéit à des lois, des rapports de modes de production qui se suivent, ne permettent pas de choix et de liberté aux hommes – à part le choix de vivre et de mourir.

1. **La thèse universaliste sur le « sujet révolutionnaire » :** la « théorie universaliste de l'histoire » défend, par contre, la conception suivante :
   L'histoire est le produit de sujets humain qui décident en liberté. Ils agissent en conformité à leur degré de liberté. Ils peuvent, dans la praxis, restreindre leur flexibilité par une mauvaise conduite ou, même, par passivité. Cependant, les erreurs peuvent être corrigées, le degré de liberté peut être agrandi.
   L'homme est le sujet historique libre.
   L'homme est le sujet de l'agir moral et politique.
   L'homme est le sujet de ses besoins, de son travail, de son désir, et de son développement. L'histoire est anthropogène.
   L'homme peut, naturellement, renoncer à la faisabilité de l'histoire. Ainsi, il passe sa mission historique à d'autres personnes.
   L'histoire peut être dominée, par en haut, en défaveur des masses exploitées.
   Mais là encore, l'homme passif, inactif peut se réhabiliter. L'histoire peut, à nouveau, être dirigée par en bas. Les mas-

ses populaires peuvent élargir leur espace libre et déterminer l'histoire jusqu'à la libération complète.

Il y a dans la société des classes, une lutte durable pour la mainmise sur l'histoire. La lutte des classes est un processus subjectif – chez Marx : un processus objectif. Ce qui importe c'est le degré d'organisation, la stratégie, la tactique, et, non en dernier lieu, la supériorité de la théorie.

L'homme est un sujet révolutionnaire.

L'homme est maître de l'histoire, et non inversement.

L'histoire est anthropogène.

Même l'homme asservi et humilié qui est privé de sa liberté, garde des possibilités d'action. Celles-ci peuvent, certes, être limitées et restreintes, mais élargies et augmentées par la praxis.

*Exemple :* la libération de l'Haïti en 1804, la première république moderne est proclamée, sur le plan mondial, par des esclaves.

L'alternative universaliste au déterminisme historique est la prétention à la faisabilité de l'histoire par l'homme.

Ce n'est pas un hasard que nous ne pouvons constater aucune consigne d'action dans l'ensemble de l'œuvre de Marx :

– Le colonialisme est resté, pour Marx, un thème subordonné. Marx n'a pas reconnu l'importance des résistances anticoloniale et anti-impérialiste. Il ne pouvait donc pas y faire appel.
– Le marxisme a appelé le prolétariat du monde entier à lutter contre les capitalistes (à chaque fois nationaux). Ce qui est correct est de dire que la lutte de tous contre le colonialisme européen et l'impérialisme U.S. est une priorité absolue et urgente de l'ordre de jour de la praxis politique.

Du point de vue de la théorie universaliste, la direction d'activité de chaque action révolutionnaire doit être contre l'impérialisme. Le thème central du mouvement révolutionnaire mondial ne peut être rien d'autre que la résistance anti-impérialiste.

## Le marxisme est hostile à la praxis.

On ne trouve à aucun endroit de l'œuvre marxienne un appel à la lutte anti-impérialiste, voire à la résistance anti-impérialiste.

# Anthropologie (5).

### La doctrine marxienne de l'homme et les antithèses universalistes. Résumé.

### Conclusion sur la conception de l'homme chez Marx.

**Synopse :**
1. Marx et l'homme (résumé).
2. Qu'en reste-t-il de l'homme chez Marx ? – Erreur essentielle de la conception marxienne de l'homme.
3. L'anthropologie universaliste en contradiction à la conception marxienne de l'homme.
4. Qu'est-ce qui fait d'un homme un homme ?
5. L'homme se crée lui-même :
   a. La liberté de la volonté,
   b. L'appropriation,
   c. L'identité.
6. Le faiseur de l'histoire est l'homme.

**Marx et l'homme (résumé) :** à première vue, on est impressionné par le radicalisme de la conception de l'homme chez Marx. A y regarder de plus près, on peut reconnaître la profonde misanthropie :
1. Les hommes sont désubjectivisés. Ce ne sont pas les hommes qui gouvernent la production, mais la production qui gouverne les hommes.
2. L'homme est privé de la faisabilité de l'histoire.
3. Marx méconnaît l'individualité : les hommes en tant que particuliers avec leurs conceptions de vie individuelles, leurs idées, leurs désirs, leurs émotions, leurs initiatives, et leur subjectivité personnelle, sont ignorés.

Nous constatons la-contre : même le particulier meut et est mu.

Lors de l'exégèse critique, il n'est souvent pas important de voir ce qui est écrit, mais ce qui **n'est pas** écrit. Si l'essentiel manque, une caractéristique subordonnée devient la caractéristique princi-

pale. La présentation de l'objet est réduite, aliénée, déformée ou, même, faussée.
L'anthropologie marxienne nous offre un exemplaire formel d'aliénation par omission. La conséquence en est l'exposition d'un homme réduit, privé de son humanité.
Même dans la production et le travail obligatoire, l'homme se préserve d'humanité, d'identité, de fierté, et, au for, de grandeur humaine.
La conception de l'homme détermine, chez Marx, sa compréhension de la praxis.

**Que reste-t-il de l'homme chez Marx ? Erreurs essentielles de la conception marxienne de l'homme :**

Marx n'a pas reconnu l'homme en tant que sujet de l'histoire ni de sa propre histoire individuelle. Le changement de l'homme provient, selon Marx, du changement des rapports de production.
Marx décrit, par contre, un homme de science-fiction, un être réduit à un accessoire de machine.
Cette considération ne rencontre qu'un seul aspect de la vie dans le capitalisme, mais elle est fort réduite. La conséquence en est que l'homme est, chez Marx, affreusement amputé. Marx a fixé un apocopat.
Marx a bien reconnu l'influence des rapports de production capitalistes sur l'homme qui travaille. Il a vu la fonctionnalisation de l'homme pour des fins capitalistes. Mais il n'a vu que cela et non l'intégrité plénière que l'homme cherche à préserver contre toutes les circonstances hostiles où il tombe n'importe comment. Mais cela est précisément ce qui détermine la grandeur humaine.
L'homme marxien n'est qu'objet. Qu'il soit aussi – ce qui est plus important – sujet, Marx ne l'a pas du tout perçu. L'objet de l'anthropologie marxienne est l'homme en tant qu'objet et non en tant que sujet.
Marx a regardé autour de soi et ne voyait que des machines et des marchandises. Les machines produisent des marchandises. L'une de ces marchandises est l'homme. Celui-ci travaille de son côté pour produire des marchandises. Il s'échange comme marchandise

contre un salaire pour consommer des marchandises qu'il produit : capitalisme de science-fiction.
Marx n'a pas vu la véritable grandeur de l'homme, de l'homme qui travaille. Rien dans l'ensemble de l'œuvre marxienne n'indique que Marx aurait vraiment reconnu l'être humain. Il écrit qu'un jour indéterminé, la vraie histoire de l'homme va commencer. Ce ne sont donc pas nous qui écrivons cette histoire.

**L'anthropologie universaliste en contradiction à la conception marxienne de l'homme.**

Marx, obsédé par sa théorie du capitalisme, ignorait l'intégrité de l'homme et fixait un seul aspect qui, il est vrai, est réel, mais n'est qu'une facette. Marx n'a pas vu davantage de l'homme. L'essence de l'homme et sa vraie grandeur ont été ignorées par Marx.
L'homme qui doit nourrir soi-même et sa famille à la sueur de son front, travaille pour vivre. Mais il ne vit pas pour flétrir en tant que marchandise. L'homme préserve son humanité, même si son travail est humiliant, démoralisant, et mal payé.
Beaucoup d'hommes du globe sont humiliés, mis au ban, torturés, et éreintés jusqu'à la mort, mais ils demeurent, malgré tout, des hommes. Ils gardent leur dignité, leur self-conscience jusqu'à la mort qu'ils travaillent dans une usine, aux champs, dans une carrière, en prison, ou qu'ils sont dans la résistance. Ils sont matériellement pauvre, mais riches en idéaux et convictions.

**Qu'est qui fait de l'homme un homme ?** Ce n'est pas la nature biologique qui fait l'homme, mais le caractère historique, non l'évolution, mais l'autocréation. Ce n'est pas le degré d'intégration sur la liste de paye, mais l'esprit qui n'est pas argenté. Ce n'est pas le statut matériel, mais l'auto-compréhension qui fait de l'homme un homme.
Il y a aussi des hommes qui abandonnent leur humanité : des tortionnaires qui ne se distinguent pas de leurs machines de torture, des pilotes qui bombardent des quartiers résidentiels, donc des destructeurs de tous poils. Parmi eux comptent aussi les grands capi-

talistes de l'industrie d'armement. Mais ce n'est pas eux que Marx désigne lorsqu'il parle de la « marchandise homme ».
Beaucoup de gens tombent dans une situation de détresse et doivent accomplir des activités qu'ils n'exécutent qu'à cause du salaire. Parmi eux comptent les travailleurs d'usine. Ils travaillent pour vivre, mais ils ne vivent pas pour être un « accessoire de machine » (Marx). Ils y sont obligés, mais ils ne vendent point leur essence humaine. Ils utilisent chaque occasion qui se présente pour déployer leur vraie humanité.
Des hommes qui vont debout, sont souvent humiliés, calomniés, dénoncés, et exposés à de multiples répressions. Ils subissent des persécutions et des peines injustifiées. Mais ils n'abandonnent pas leur combat. Ils sont conscients de leur majesté non reconnue : femmes et hommes, travailleurs salariés, professeur, combattants pour la liberté. Ils acceptent aussi le martyre. Ceci est la grandeur de l'homme qui travaille pour obtenir une récompense quant il y est obligé. Mais il n'est pas pour autant une marchandise « force de travail ».

**L'homme se crée lui-même.**

**La liberté de la volonté :** Marx ne connaît pas de libre arbitre de l'homme, c'est pourquoi il ne les reconnaît pas.
L'homme qui agit, est, chez Marx, sans volonté, sans liberté. Il est incorporé dans la machinerie productive comme accessoire, comme une petite roue ou vis. Il est dirigé et commandé sans avoir de la volonté.
L'homme en tant que porteur de volonté et d'être qui agit délibérément, a été ignoré par Marx, ce qui est la raison de l'échec de sa théorie.
Marx ignore le travailleur qui mène une vie autodéterminée malgré toute l'oppression et exploitation. De la naissance jusqu'à la mort, l'homme aspire d'élargir son degré de liberté et d'améliorer, malgré toutes les conditions, sa qualité de vie. C'est la raison pour laquelle la vie fait, tout de même, sens pour lui et les siens. Mais c'est précisément cet homme-là qui disparaît chez Marx.
**Appropriation :** Marx ne considère corrélativement pas que l'homme soit un être conscient qui s'approprie consciemment la

réalité en intervenant en elle et, par conséquent, en la changeant consciemment. En changeant la réalité, l'homme change lui-même. Les rapports de production s'approprient, selon Marx, l'homme en fonction de sa situation de classe. Ils l'incorporent dans le processus de production et le forment conformément à leur besoin.

**Identité :** Marx ignore l'importance de l'identité pour l'homme. L'homme marxien est une création des rapports de production. Il est sans identité. Il ne se crée pas soi-même, mais il est créé par la production.
La dispute avec Marx, concernant l'homme, n'est pas seulement d'intérêt académique. La conception de l'homme, est une question de la praxis puisque celle-ci exerce l'influence décisive sur l'homme pour que celui-ci soit prêt à l'action et au changement.
Là où la conception marxienne de l'homme s'impose, elle marque l'homme en fonction de la socialisation, de l'éducation, et de l'auto-compréhension. La socialisation influence les idéaux auxquels les hommes s'identifient. Marx contribue, par son anthropologie, à la création du type de « l'homme réduit, unidimensionnel ».
Je suis vraiment étonné du fait que tant de générations aussi bien que tant d'Etats du socialisme réel aient pu utiliser *Le Capital* comme base de leur formation politique.
Il n'est donc pas surprenant que cette fausse piste mène dans une impasse et s'est dû terminer par le déclin lamentable du socialisme réel.
C'est la raison pour laquelle l'anthropologie universaliste aspire à surmonter la conception marxienne de l'homme, à réhabiliter l'homme, de lui rendre sa vraie valeur intégrale, et à s'adresser à lui avec le profond respect qui lui revient.

**Le faiseur de l'histoire, c'est l'homme :** l'homme a été et est, en toutes les époques, le faiseur de l'histoire dans le sens positif et le sens négatif. C'est précisément cela qui manque chez Marx, et totalement.

# Huitième partie.

## Chapitre trente-septième.

### La réception.
### L'erreur historique.
### La fausse réception du marxisme.

### Combien se séparent le Marx authentique et le Marx idéologisé.

**Synopse :**

1. La tragédie du marxisme et sa fascination.
2. Le réductionnisme – l'économie comme théorème absolu d'explication.
3. Est-ce qu'il y avait une nécessité de faire du marxisme un système d'Etat.
4. Au commencement de la réception, il y avait un court-circuit.
5. L'attractivité de Karl Marx repose sur un malentendu.
6. Des groupes de pression se disputent Marx.

**La tragédie du marxisme est sa fascination :** Marx n'était nullement trop humble lorsqu'il présenta son programme de travail. Par rapport à la philosophie contemporaine, il écrivit qu'il avait l'intention de renverser Hegel, c'est-à-dire de le mettre sur pieds. Ce qu'il projetait par rapport à Hegel, cela devait aussi se passer avec les autres philosophes.

Les attributions de ses partisans sont encore plus grandes, ils voyaient en lui non seulement le fondateur d'une nouvelle philosophie de l'être, mais l'initiateur d'une nouvelle ère historique.

**Une théorie économique est rendue absolue comme système philosophique :** on y prétend d'expliquer, par le truchement du marxisme, l'histoire, l'homme, bref : la totalité de la réalité.

**Le réductionnisme – l'économie comme théorème absolu d'explication :** Marx est devenu lui-même la victime de l'aliénation de la réalité. Cela se passait exactement là où on suppose sa force – dans

l'économie politique. Marx réduisait la déduction aux lois économiques, ou ce qui est la même chose, les motifs économiques sont élevés par lui aux patrons généraux et absolus. Il attribuait au capitalisme un totalitarisme illimité, un monisme, et l'omniprésence. Marx a rendu absolu le capitalisme qui embrasse et détermine tout. Une conséquence de cette pensée mono-causale fut que Marx a déduit toutes les démarches, de sa pensée, du capitalisme.
En ce qui concerne l'économie proprement dite, l'analyse marxienne est illicitement réductive. Il ne voyait que la production européenne, et ici derechef que le capitalisme qu'il traitait cependant comme système universel. Au capitalisme européen, Marx attribuait la causalité du développement mondial.
Le mouvement de l'histoire, de la société, de la politique, et de la pensée, est déduit chez Marx non de l'anthropologie, mais de l'économie. Les écrits politico-économiques qui ont pour couronnement *Le Capital*, ont été mis au centre de sa création littéraire par Marx lui-même. C'est précisément en vue de l'économie politique que nous devons constater que le classique a perdu des yeux l'universalité du monde de telle manière que seule cette déduction économique, mathématique, logique est restée au premier plan. La justesse de la déduction de formules récursives du capital a été prise comme preuve irréfutable pour la justesse des démarches de Marx, non seulement par rapport à la théorie économique, mais aussi à son système philosophique en général. Cette acceptation était décisive pour la réception de l'œuvre marxienne.
**Est-ce qu'il y avait une nécessité de faire du marxisme un système d'Etat ?** Le socialisme réel en Union soviétique (1917-1991) et dans les autres Etats de l'Europe de l'est (1948-1990) se réclamait du marxisme dès la fondation de ces Etats. Pourquoi donc ? La question est légitime, car un attachement au marxisme n'est, en théorie, pas évident et n'est pas utile en pratique. Marx ne fournit à aucun endroit un plan pour la construction du socialisme. Celui-ci ne tient, en théorie, pas debout. L'Etat développe sa politique dans une situation historique donnée et dans des circonstances concrètes, et non selon des vérités éternelles que Marx n'offre de toute façon pas.

Quelques soient les raisons, le socialisme réel s'est toujours gardé de faire une révision fondamentale de la conception marxienne et engelsienne de l'histoire. Il se limita à des améliorations cosmétiques qui ne devaient pas ébranler la renommée des deux auteurs classiques comme historiens. La conception marxienne et engelsienne de l'histoire fut défendue inébranlablement dans le socialisme réel jusqu'à sa chute définitive en 1990. Cependant, les connaisseurs devraient savoir combien sont intenables beaucoup de thèses de Marx et d'Engels si elles sont examinées du point de vue critique.

**Au commencement de la réception, il y avait un court-circuit :** Staline auquel on reproche le stalinisme, s'est efforcé en effet d'une réception correcte de Marx. Dans son ouvrage *L'Histoire du PCUS* qui a été conçu comme traité pédagogique, il voua au domaine « Matérialisme historique et dialectique » un propre cours d'enseignement[35]. Il y renonça, en grande partie, à des expositions personnelles pour donner la parole particulièrement à Marx, mais aussi à Engels et à Lénine. On ne peut pas comprendre pourquoi on reproche à Staline ce qui remonte à Marx.

Les Etats du socialisme réel qui formèrent entre 1950 et 1990 le plus fort bloc à l'échelle mondiale, avaient le plus grand intérêt de présenter Marx de telle façon qu'ils obtiendraient – à cause de Marx – une influence politique internationale.

Le socialisme réel présenta donc un Marx qui défendrait une théorie anticapitaliste et anti-impérialiste. Il offrirait, selon le socialisme réel, des approches qui prônent la résistance des peuples contre l'impérialisme. Marx serait l'avocat de tous les opprimés et exploités.

**L'attractivité de Marx repose sur un malentendu :** la lutte des classes, la résistance anti-impérialiste, la destruction du capitalisme, la perspective de l'auto-libération, tout cela sont des bonnes idées, mais elles ne présentent pas chez Marx telles qu'on l'affirmait. L'économiste n'était ni un théoricien de la lutte, ni un anti-impérialiste, mais au contraire : Marx était un représentant fanatique de la

[35] Josef Stalin, *Über dialektischen und historischen Materialismus* (1938), édition, commentaire et critique in: Karam Khella, Dialektischer und historischer Materialismus, Hamburg 1979, pages 91-176.

nécessité selon laquelle le capitalisme doive pleinement s'épanouir. Ceux qui ne sont pas capitalistes doivent d'abord marcher sur le calvaire du capitalisme pour acquérir la condition du socialisme.
Le socialisme réel avait une prétention internationaliste. Dans la pratique, il était orienté vers l'européisation du monde.
Le socialisme réel se trouvait dans la contradiction de propager Marx et, d'autre part, de représenter les intérêts des peuples opprimés. Pour résoudre cette contradiction, les théoriciens du socialisme réel s'efforcèrent de concilier Marx avec la lutte anticapitaliste et anti-impérialiste. Le vrai Marx disparut derrière cette interprétation idéologiquement motivée.
La question s'y pose de savoir à quelle fin le socialisme réel avait besoin de Marx ? Pourquoi ne s'approprièrent-ils pas le désir des peuples sans avoir recours à Marx et sans être obligé de l'aliéner ?
L'eurocentrisme joue un rôle capital dans la réponse à cette question. Marx, Engels, et Lénine furent des Européens. Leur réception mondiale appuie l'influence européenne dans le front de lutte et de solidarité international et anti-impérialiste.
Le socialisme réel a créé l'expression de « socialisme scientifique » comme synonyme de « marxisme ». Ainsi, il a suggéré que le marxisme balise un chemin sûr de la libération. Selon lui, seul le marxisme ouvre au peuple la voie de la liberté. Seul le marxisme mènerait au but.
Ce mythe est malheureusement toujours vivant chez les marxistes – malgré l'effondrement du socialisme réel.
Marx est redevable de sa réputation à l'interprétation erronée de son œuvre. Beaucoup de gens n'ont pas étudié l'œuvre de Marx, ou seulement de manière insuffisante ; cependant, ils en excipent. La raison en est la supposition que Marx défende leurs espoirs de la liberté. Il appuierait, selon eux, leur lutte contre l'impérialisme, l'oppression, et l'exploitation par la philosophie.
On peut formuler cela aussi positivement : l'herméneutique erronée de l'œuvre marxienne a un effet constructif en faisant croire aux gens que le philosophe qu'est Marx, offre la légitimation théorique de leurs idéaux.
L'expansion du marxisme est due au fait qu'il a été renversé sur la tête. Le Marx authentique n'aurait aucune chance d'être accepté.

Dans la réception, le marxisme a été renversé sur la tête. La *« révolution prolétarienne »* est interprétée, de manière erronée, dans la réception et la littérature. Elle ne se produit pas, selon Marx, de manière anthropogène, mais comme suite du développement des forces productives en tant que résultat du déploiement des contradictions inhérentes à l'économie capitaliste. Marx déduit de cette thèse la conséquence selon laquelle la résistance anti-impérialiste entrave le déploiement du capitalisme, donc ralentit le surgissement du socialisme.

## Des groupes de pression se disputent Marx.

L'attractivité de Karl Marx s'agrandit à partir de sa mort. Lénine créera bientôt l'expression du « marxisme » et fonde ainsi l'orientation politique et spirituelle qui proclame Marx comme son fondateur.
C'est un paradoxe apparent que l'impérialisme montre, lui aussi, un intérêt vivace de Marx. Il a pris l'initiative de répandre l'œuvre de Marx, en particulier *Le Capital*, de la traduire en d'autres langues et de la propager. Le paradoxe est trompeur. Ce n'est que logique si le capitalisme et l'impérialisme favorisent l'œuvre de Marx ; car Marx enseigne « le capitalisme est nécessaire et doit se déployer ». Le construct du capitalisme détourne de la vraie contradiction de la situation, à savoir de l'impérialisme. Marx se répand rapidement. Il a de son côté le lobby le plus fort.
La traduction des œuvres de Marx en espagnol a été commandée immédiatement après l'occupation des Philippines (1899). Les donneurs d'ordre sont les Etats Unis. L'édition espagnole parut déjà en 1902 et fut vendue massivement aux Philippines. Dans d'autres régions aussi où l'on parle l'espagnol, Marx a pu être acheté à bon prix.
Pourquoi l'impérialisme fait-il cela ? La réponse est à portée de main. Marx propage le déploiement du capitalisme et sa globalisation. Il est fondamentalement opposé à la lutte anticapitaliste.

# Huitième partie.

# Chapitre trente-huitième.

## Quant à l'herméneutique de l'œuvre marxienne. Comprendre Marx correctement.

**Synopse :**

1. Sur la notion de « l'herméneutique ».
2. La méthode herméneutique.
3. « Le cercle herméneutique fermé » et « le cercle herméneutique ouvert ».
4. Le cercle herméneutique fermé détruit la formation de la théorie.
5. Le cercle herméneutique de la philosophie marxienne.
6. Le problème herméneutique spécifique lors de la lecture des œuvres de Marx.
7. La distance herméneutique est nécessaire.
8. La nécessité de la théorie universaliste de connaissance et d'histoire.

Sur la notion de « l'herméneutique » : l'herméneutique est comprendre. On doit préciser le terme de compréhension. L'herméneutique signifie de comprendre le texte de la façon que l'auteur a voulu le comprendre lui-même. Herméneutique veut donc dire « comprendre le texte dans le sens de l'auteur ; de façon immanente ». Herméneutique n'est pas d'exégèse, ni commentaire, ni interprétation comme on le pense d'ordinaire.

L'herméneutique signifie, par rapport à Karl Marx, comment comprenons-nous Marx de la même manière que lui-même se comprenait. Encore plus strictement : Que dit le texte de Marx sans faire intervenir une influence extérieure, par ex. celle de la part de l'interprète, des partisans ou des adversaires ?

La méthode herméneutique : si l'on observe un objet jusqu'alors inconnu et veut le comprendre, on envoie des rayons intellectuels vers cet objet. Ces rayons retournent chargés d'informations sur l'objet. L'observateur essaie à l'aide de sa préscience qui est déjà

emmagasinée dans le cerveau, de reconnaître ce qui est nouveau par rapport à l'objet. Le nouveau est identifié et valorisé. Par suite, il sera attribué au genre de phénomènes auquel il appartient.
Deux choses déterminent le processus de connaissance du nouveau. Pré-représentations de l'observateur et les aspects particuliers du nouveau. La connaissance du nouveau n'est donc pas sans présuppositions.
Ce procédé – le chemin des récepteurs cérébraux vers l'objet et leur retour chargé d'informations – est appelé « cercle herméneutique ». Il désigne le procédé universellement valable de la compréhension. Du nouveau est identifié et reconnu par du plus ancien savoir emmagasiné au cerveau. Le « cercle herméneutique » en tant que voie de connaissance est indispensable. Il n'y a pas d'autre possibilité de comprendre du nouveau.

« Cercle herméneutique fermé » et « cercle herméneutique ouvert » : l'observateur reçoit des informations sur la base desquelles il interprète l'objet inconnu. Il croit que l'interprétation de l'objet provient du phénomène regardé.
Le réexamen herméneutique peut arriver à un autre résultat et le juge avec plus de critique. Les hommes ne se rendent compte que rarement qu'ils constatent et interprètent, certes, quelque chose de nouveau, mais leur jugement est fixé d'avance. Raison : pour interpréter du nouveau, les hommes appliquent des patrons d'explication qu'ils possèdent déjà avant d'avoir rencontré ce nouveau. Ils reflètent du pré-savoir sur l'objet nouveau et ne le comprennent pas tel qu'il est réellement, mais comme leurs patrons d'explication l'interprètent. Les observateurs ne sont pas sans idées préconçues. Leurs présuppositions sont projetées sur des observations nouvelles. Celles-ci sont comprises d'avance dans le sens du patron.
Cette variante de comprendre est désignée par nous comme « cercle herméneutique fermé ».
Le « cercle herméneutique fermé » a pour effet que l'observateur projette inconsciemment sa précompréhension sur le nouvel objet. Il reçoit donc son opinion préformée.
Le contrôle critique trouve : l'observation n'est pas sans idées préconçues, Elle est déterminée par les patrons d'explication qui sont

emmagasinés dans le cerveau de l'observateur et seront projetés sur le phénomène.

La question de savoir ce qui existait d'abord dans le cerveau de l'observateur : le caractère objectif du phénomène ou son interprétation subjective, est l'objet de la théorie du « cercle herméneutique ».
On n'est évidemment pas à la merci du « cercle herméneutique fermé ». Il peut être rompu et rouvert.

Le cercle herméneutique fermé détruit la formation de théorie : chaque théorie a la tendance de se confirmer elle-même. C'est ce phénomène qui caractérise le marxisme, mais d'une façon beaucoup plus extrême que d'autres théories. Si l'on applique les présuppositions initiales à d'autres pas de pensée, les résultats confirment les axiomes. *Le Capital* de Karl Marx en est un exemple. Des formules récursives se chargent – tant qu'elles ont de la validité et sont calculées correctement – de la justesse des résultats.
Les contenus de connaissance des études marxiennes sont : nomisme, mécanisme, désubjectivisation, déterminisme historique spéculatif, ajournement de l'espérance d'un changement immédiat à l'avenir.

Le cercle herméneutique de la philosophie marxienne : le marxisme apparut non seulement plausible, mais aussi irréfutable à ses partisans. Les marxistes se sentent indiscutablement confirmés par l'application de son patron d'explication sur des phénomènes sociaux en ayant la conviction de la justesse du marxisme.

Le problème herméneutique particulier lors de la lecture des œuvres de Marx : beaucoup d'hommes se décident de lutter contre l'exploitation et la répression. Ils entrent, pour ces buts, dans la résistance. Ils en ont besoin de consignes d'action. Ils s'efforcent à obtenir une aide théorique. Celle-ci, ils la cherchent auprès d'informateurs bien renseignés desquels ils attendent un support véritable. C'est la raison pour laquelle ils lisent Marx. Ils s'en promettent une orientation théorique et une légitimation d'autorité.

Si les études des ouvrages classiques ne remplissent pas les attentes de ceux qui cherchent conseil, ils ont tendance de projeter, en interprétant, leurs espoirs dans les textes des auteurs qu'ils ont choisis eux-mêmes.
Marx en est un exemple classique de ce que ceux qui cherchent conseil, projettent, avec grande intensité, leurs espoirs dans les textes. C'est pourquoi ils trouvent ce qu'ils cherchent. Ils croient avoir rencontré la vérité. En réalité, ils ont trouvé leur propre vérité, mais ils ont mis, dans les textes, leur informateur (« cercle herméneutique fermé »).
Le préjugé positif envers Marx va occuper bientôt aussi leur instrumentaire notionnel et leurs analyses.
Ce processus est au prix d'une herméneutique correcte. Marx doit sa grande popularité à cette erreur fondamentale. Ses textes furent transformés en une lecture favorable au classique. Sa renommée est basée sur un malentendu.
C'est précisément chez Marx que la question de l'herméneutique est devenue actuelle. Marx est la victime de ses propres partisans. En retour de cela, ses sympathisants sont devenus ses victimes principales. Ils présentent, pour des raisons politiques ou de mission, un Marx qui ne correspond pas à la réalité.

La distance herméneutique est nécessaire : l'herméneutique est protection et autoprotection. Les lecteurs s'approchent souvent d'un texte avec certaines expectatives. Ils sont, en tout cas, rarement sans préjugé. Ils projettent des représentations dans le texte et les retrouvent sans en être conscients. Ils croient que le contenu provient de l'auteur, mais en réalité les lecteurs sont eux-mêmes les vrais inventeurs de leurs perceptions qu'ils attribuent à l'auteur. Marx est un exemple par excellence, il est victime d'une herméneutique fautive. La victime profite naturellement par les attentes positives qui sont projetées dans son œuvre. En réalité, les auteurs sont les victimes, les lecteurs se portent préjudice à eux-mêmes.
Seule la distance herméneutique peut préserver de ce piège. Elle est nécessaire à chaque lecture.
Les hommes vivent réprimés et exploités dans le capitalisme et l'impérialisme. Ils sont dirigés et manipulés. Les professeurs sont

formés dans le sens de l'impérialisme. Ils reproduisent sa doctrine comme programme scolaire. Ils sont des manipulateurs manipulés et des multiplicateurs dirigés. Marx n'est pas un sujet tabou. Son influence spirituelle a, certes, subi un coup sévère par le déclin du socialisme réel européen, mais elle est toujours forte. Il y a des hommes qui sont confrontés aux contradictions de l'impérialisme et du capitalisme et veulent changer les circonstances, ils croient que, pour cela, ils doivent absolument lire Marx. Ils croient fermement que Marx défend leurs espoirs de liberté, de justice, et d'humanisme.

La nécessité de « la théorie universaliste de connaissance et d'histoire : La « théorie universaliste de connaissance et d'histoire » n'est pas une théorie dans le même sens où d'autres théories sont des théories. Tandis que les théories ont la tendance de se confirmer elles-mêmes, la théorie universaliste ne cesse de se questionner elle-même. La théorie universaliste examine à chaque nouveau procédé de connaissance et d'acquisition de nouveaux faits, la question de savoir combien correspondent le système de connaissance et le matériel des faits. Des contradictions justifiées provoquent, le cas échéant, la révision et la correction. L'universalisme est, en principe, construit comme système ouvert. Il offre cependant des théorèmes éprouvés de la pensée et apprécie des sagesses qui sont issues des longues expériences des peuples.
« La théorie universaliste de connaissance et d'histoire »[36] est carrément anthropocentrique, donc humaniste.
L'universalisme est issu d'une discussion longue et soigneusement menée de l'éventail antérieur de théories. Ce sont les manques et les lacunes des théories disponibles qui ont provoqué le besoin de nouveaux chemins de formation théorique. L'universalisme prétend de son côté de fermer la lacune théorique du système de connaissance. L'ouvrage, ici présent, examine le système philosophique de Marx. Un jugement équilibré confirmera que notre procédure de révision n'a pas suivi un chemin facile et que l'auteur n'a pas pris à la légère la révision de discuter les systèmes philosophiques. Notre ouvrage sur la « la vie et l'œuvre de Karl Marx » consiste en trois volumes :

[36] Karam Khella, *Universalistische Erkenntnis- und Geschichtstheorie*, Hamburg, 2008.

1. Karam Khella, Marx, un mythe – une biographie critique de l'histoire de la science et de la politique – remarques sur la révision de l'histoire et de la théorie. Hamburg, 2004. L'édition allemande a paru en1995.
2. Karam Khella, La Réalité inventée – la théorie économique marxiste, critique de la Critique de l'économie politique. – Hamburg, 2007. L'édition allemande a paru en 1997.
3. Karam Khella, Les hommes chez Marx – Critique de la conception marxienne de l'histoire, du monde, et de l'homme – Universalisme et marxisme comparés, Hamburg, 2012. Edition allemande : à paraître.

Il y a des contradictions majeures entre le marxisme et l'universalisme. Dans le petit livre, ici présent, les deux macro-théories sont comparées en détail et contrastées comme systèmes globaux. Les lecteurs et les lectrices décideront eux-mêmes si le système théorique de Marx résiste à la critique.
Marx fournit un système, de pensée, qui part de l'économie. Dans l'économie, c'est le calcul du mouvement de la production marchande qui est au centre. Selon Marx, ce n'est pas l'homme, mais la marchandise qui est moteur du dynamisme social. Marx déduit, de plus, de l'économie seule sa conception de l'histoire et sa théorie de la société. L'homme est objet des rapports de production, non inversement. Les rapports de production développent à nouveau le dynamisme qui leur est inhérent, pour arriver au déterminisme historique. La conception marxienne de l'histoire est sans sujet. Au cœur de la doctrine marxienne se trouve le suivant : l'auto-dynamisme objectif de l'histoire coupe la volonté humaine et l'action subjective. Malheureusement, Marx supprime son Onzième Thèse ad Feuerbach, qu'il avait encore établie dans sa jeunesse. Elle aurait pu donner des raisons d'être optimiste envers la carrière spirituelle du philosophe. La théorie mûre de Marx est sans sujet et sans pratique.
La théorie universaliste de l'histoire enseigne : l'histoire est anthropogène. Elle appelle à l'action directe tout en n'ignorant évidemment pas les conditions réelles, mais en les respectant. L'homme – en tant que mouvement conscient – est maître de ses conditions

d'existence. Il doit les changer, diriger et commander selon un plan et programme pour réaliser des buts fixés d'avance.
Même si les marges d'action sont tellement restreintes à l'extrême, l'homme est appelé d'agrandir son degré de liberté. Le monde est connaissable. Le monde peut, à chaque moment, être transformé, les hommes le savent et le veulent. L'action n'est pas objectivement déterminée. Elle dépend de la décision délibérée.
La révolution naît d'abord dans la tête – en tant que processus conscient. C'est pourquoi la conscience détermine l'être. La révolution n'est pas déterminée objectivement, mais subjectivement.

***Emancipation*** a lieu immédiatement en tant qu'acte consciente autodéterminé. La théorie et la praxis sont inséparables. Transformer la connaissance en agir, c'est une décision de la volonté. ***Révolution ici et maintenant !***

**Supplément :** l'être est multidimensionnel. Marx n'a connu qu'une seule dimension et s'y est fixé. C'est dans cette unidimensionnalité que le marxisme endoctrine ses sympathisants.
L'universalisme reconnaît la pluri-dimensionnalité de la réalité et s'efforce de lui convenir théoriquement.

**Sources :**
***MEW***, Marx-Engels-Werke, 42 tomes et suppléments, Berlin (RDA), 1956 ss.
***MEGA,*** Marx-Engels-Gesamtausgabe, Berlin (RDA), 1975 ss. La récension des éditions de Marx et d'Engels se trouve dans le premier tome de la trilogie, Karam Khella, *Karl Marx – vie et œuvre,* tome I, pp. 33 ss.
On utilise de préférence l'édition « MEW ». La « MEGA » a été éditée deux fois. Entre la première édition et la deuxième édition de la MEGA, il y a des différences intéressantes que nous avons signalées. La deuxième édition a accueilli les lettres adressées à Marx.
D'autres ouvrages cités sont indiqués là où je les utilise.

## Explications terminologiques.

**Anthropogenèse, anthropogénie :** science de la naissance, du devenir, et de l'évolution de l'homme.
**Herméneutique :** compréhension, l'essai de comprendre un auteur comme il s'est entendu lui-même et comme il a voulu qu'on l'entende.
**Rapport-sujet-objet :** le sujet est l'homme agissant – comme collectif ou individu qui effectue l'action et en répond. Le contraire du sujet est l'objet. L'objet est l'objet de l'action.

D'autres termes sont expliqués dans le texte.

## Fin de la trilogie.

# Die Marx-Trilogie in französischer Übersetzung

## Karam Khella
## Marx, un Mythe
### Vita de Marx

ISBN 978-3-921866-92-4
160 Seiten
**14 €**

## Karam Khella
## La Réalité Inventée
### Critique de la critique de l'économie politique

ISBN 978-3-921866-93-1
160 Seiten
**14 €**

## Karam Khella
## Les hommes chez Marx

ISBN 978-3-939710-17-2
256 Seiten
**18 €**

Tous des trois volumes traduits de l'allemand par Dr. Jürgen Brankel.

## Zur Geschichts- und Theorierevision:

### Karam Khella

# Mythos Marx

**Band 1**

ISBN 978-3-921866-62-7
160 Seiten
**14 €**

Selten klafft authentische Geschichte und späterer Mythos so extrem auseinander wie bei Marx. Legendenbildung ist nicht selbstlos. Was wollte und was vertrat der Begründer des Marxismus und was haben Überlieferungen und Rezeption aus ihm gemacht? Welche Bedeutung hatte Marx in seiner Zeit und welche Aktualität hat er heute?
Eine Lehre suchte nach einem Begründer und sie hat ihn gefunden.

### Karam Khella

# Die erfundene Realität

**Band 2**

ISBN 978-3-921866-72-6
184 Seiten
**14 €**

Die erfundene Realität ist die Hauptursache ihrer Verwirklichung. Marx glaubte, Gesetzmäßigkeiten des Kapitalismus entdeckt zu haben. Der Marxismus schreibt ihm zu, den Kapitalismus aufgeschlüsselt und seine Bewegungsgesetze ermittelt zu haben. Seitdem wird der Bestand des Kapitalismus geglaubt. Marx war der Meinung, dem rationalen Keim der gesellschaftlichen Realität auf die Spur gekommen zu sein. Er hat den Kapitalismus erfunden, ohne sich des Akts der Erfindung bewusst gewesen zu sein. Ist der Kapitalismus einmal im Kopf entstanden, verkörpert er sich real. Der Kapitalismus ist ein Konstrukt. Marx ist einer seiner bedeutsamsten theoretischen Urheber. Die Praxis muss das Problem lösen, d.h. das Konstrukt beseitigen, das real geworden ist. Die Scheinrealität hat die Realität verdrängt.

## Karam Khella

# Die Menschen bei Marx

### Band 3

ISBN 978-3-921866-66-5
226 Seiten
**18 €**

Kritik des Marxschen Geschichts-, Welt- und Menschenbildes
– Universalismus versus Marxismus –
– Zwei Denksysteme im Kontrast –

Wie der Titel schon sagt, steht der Mensch im Mittelpunkt. Khella analysiert das Marxsche Denksystem nach allen Aspekten, die der Klassiker behandelt. Marx wird dort bestätigt, wo er Recht hat und kritisiert, wo er sich geirrt hat. Der Autor konfrontiert dabei zwei Denksysteme, den Marxismus und den Universalismus. Zu allen relevanten Fragen stehen Thesen und Antithesen gegenüber.

Menschen bei Marx ist ein Buch zur Orientierung im Leben, zum Handeln in der Gesellschaft und im Alltag.

## Alle drei Bände zusammen

**ISBN 3-921866-60-X** **40 €**